看穿雇用潛規則，
立刻找到好工作

管理30國薪資的外商人資揭密，
好福利、好前途、好老闆的工作這樣找

職來直往**Miss莫莉**——著
Miss Molly

及早準備,絕不吃虧　　　許書揚

　　我服務於日本上市人事管理顧問公司三十多年,熟知日、台兩地企業徵才以及人才求職文化差異。

　　日本大學生會在大三的暑假進行「就職活動」,用線上評測工具中學習瞭解自己,積極報名企業講座、企業參訪、與學長姊訪談、企業博覽會,並大量投遞履歷、安排面試,拿到企業「內定」,於隔年畢業後的四月一日報到,成為社會新鮮人。

　　「我畢業於○○○系,但我不知道我可以做什麼。」大概是我們的招募顧問在畢業季中最常聽到的一個問題。

　　從小到大努力讀書,卻在大四畢業的那一個瞬間不曉得自己可以做什麼、適合做什麼,我認為這些都是從小

被灌輸「考上好的大學才會有好工作」這個觀念，卻忽略了每個人應該盡早為自己的職涯做好安排。

有鑑於此，本書作者 Miss 莫莉頻繁更新部落格、舉辦演講並匯集成此書，希望讓更多求職者於在學時就開始培養求職的意識，而不是考完畢業考後，才開始慌慌張張打開招募平台、亂投履歷。

「職涯探索、自我分析、企業研究」是我們不斷提倡的求職三步驟。作者解釋了可以運用何種測評工具來瞭解自己；介紹求職時可多使用的人脈、工具；說明該如何瞭解一間企業的發展及未來性。

更在章節裡穿插了具體且實用的中、英文範例，甚至只需要模仿範本便可產出一份吸引人的求職履歷。

面試前、中、後的準備，個人面試及團體面試的差異；報到後該保有的心態，在職場中該如何向上管理、培養戰友、盡力爭取機會等等，皆是讀者可靈活運用的最佳工具。

職涯過程中也總有好幾個時刻是為了是否要跳槽而猶豫不決，作者告訴讀者在職找職的方式、該如何談薪水，以及最後如何提離職，連英文離職信範本都寫好了。

有了這本如此實用的工具書，相信各位讀者在求

職、轉職準備上可以更踏實。在資訊量爆炸的時代，也鼓勵各位讀者不要停下腳步，持續學習，永遠做好準備，找到屬於自己的舞台，便不再是難事。

（本文作者為保聖那管理顧問股份有限公司（Pasona Taiwan Co., Ltd）、經緯智庫股份有限公司（MGR Consulting Co., Ltd）總經理）

第 1 章

善用世界 500 強測評工具，找到你的職場優勢

第 2 章

求職前必做的功課，無形中增加勝率

第 3 章

十秒決勝！中英文履歷和 LinkedIn 這樣寫

第4章

面試形態和難題解析，助你脫穎而出

第 5 章

外商人資親揭！
關於薪資談判，資方不能說的秘密

第 6 章

想在公司增加能見度,你需要一點心計

第 7 章

隨時騎驢找馬，離職也要好聚好散

第 8 章

如何打造個人職業品牌，讓職涯充滿無限可能

【前言】
從外商人資到職場作家

　　我一直想做的一件事，就是寫一本書，幫助大家找到理想工作，活出自己的天命。

　　我自己的職涯歷程很特殊，剛畢業的第一份工作，是去一家外商公司負責國內外員工資遣費。

　　當時並沒有什麼蜜月期，我的青春歲月被迫以最快的速度，看清職場殘酷和人性本惡。

　　很多人都說我筆風犀利，直達痛點，看了大快人心，揭穿職場真面目，這是因為我的工作來往的都是跟錢有關的糾紛。

　　薪資一直是大家都很在意，卻又沒人敢高談闊論的話題，於是我開始寫了專欄，用筆名跟大家分享不為人知的職場小故事。

我時常覺得台灣人其實很優秀，卻對自身價值一無所知、不懂得行銷自己，所以希望藉著這本書能幫你打開希望之門，找到屬於你的伯樂。

　　我曾負責橫跨歐亞非三十國薪資和資遣費，完全明白勞方在求職路上受困於年紀和人脈，會遇到多少困難。

　　在疫情之下，求職變得更艱困，身邊人減薪、裁員的消息不斷，我們該如何自己找到出路？

　　透過這本書，我會跟大家分享雇用的各種潛規則，也會向大家揭穿很多只有人資才能看到的職場面貌。

　　不論你是自認沒有人脈的畢業生，抑或是想跳槽、加薪的求職者，沒有貴人相助，沒有用對方法借力使力，你的求職之路一定岌岌可危。

　　當你正在對默默投遞履歷感到氣餒時，我想用最溫暖的文字鼓勵你，你不是一個人單兵作戰。

　　讓我用淺顯易懂的小故事結合中西方求職觀點，幫助你少走冤枉路，贏得你想要的工作及薪水。

　　這本書，包含了所有你關於求職的解答。

　　我自己在求職路上也不是百戰百勝，但我摸索出一

套能提高勝率的方法，現在分享給大家！

　　無論是中英文履歷怎麼寫、各種形態的面試如何應對、薪資談判不為人知的技巧，到如何透過專業，建立一個強而有力的個人品牌，這會是一本陪伴你工作越換越好的人生指南。

　　相信買這本書的你，不久後就會寫信來跟我分享，我終於找到夢寐以求的工作了！

第 1 章

善用世界 500 強測評工具，
找到你的職場優勢

第一個章節，我想從了解自我談起。

　　我時常遇到很多人要求職，結果連自己的強項是什麼都不知道的狀況。

　　這樣真的很可惜，因為職場要的刺蝟，不是狐狸。如果你的現況是在彌補弱項，那就大錯特錯了！

　　要了解自我，最客觀的方式就是善用一些心理學家提出的學理、做人格測驗等，因此，我會在這裡跟大家介紹一些有公信力的測評工具，幫助你挖掘自己的獨特優勢。

　　文內的測驗會附上表格或 QRCode，請跟著指示操作，就可以得到結果，最後只要寫下來就行了！

　　我也會跟大家分享自己的測評結果，告訴你我是如何透過測評工具，找到我自己的職場優勢。

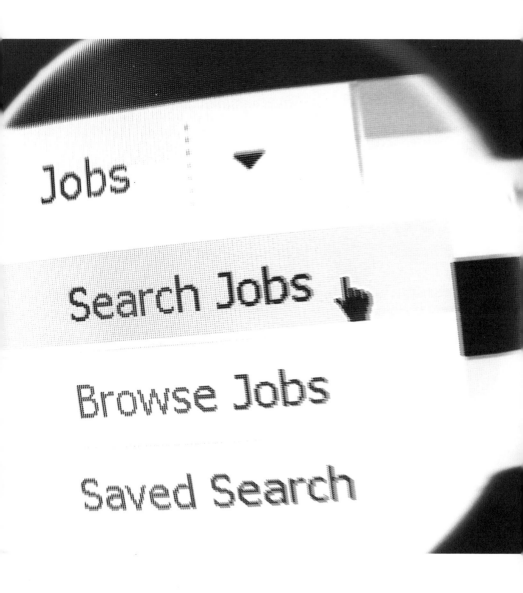

1.生涯發展理論，
盤點你的興趣、能力、價值觀

　　我相信每個人都期待能找到發揮所長的工作，希望工作有意義，進而最後能達到自我實現。而要做到這件事，我首先要問：**你有多認識你自己？**

　　我常遇到一些學生或朋友，對自身的天賦了解不夠，於是浪費了一堆時間，換了很多不同領域的工作，什麼都不專精，還在茫茫人海中迷失自己。

　　我講句實話，他們大多數的問題，都是沒有用一套有邏輯的方法進行職涯探索。

　　在這個章節，我要請大家畫出三個圓圈，協助你發展踏實而美好的生涯。

　　這三個圓圈分別是興趣、能力、價值觀，這三個圈圈的交會處，就是你理想職業應該有的形態。

首先談談興趣吧！興趣指的是一個人對某些人事物的熱愛、好奇程度。

　　當我們面對有興趣的人事物時，自然就會有一股心流，讓我們沉溺，樂此不疲，想展開源源不絕的行動。我們主動想要進一步對該領域有所認識，所以過程中都會充滿成就感。

　　講到這裡，我想請你開始回想，你是否曾經為了某件事情深深著迷，到了廢寢忘食也在所不惜的地步？

　　我在大學時，因緣際會參加了教育部的徵文比賽，發現自己對於寫作的熱愛。

　　當時我只是覺得好玩，想要分享自身國際志工經驗，沒想到就獲得第三名。且當時寫作不只為我帶來了名次，這樣可以躲在一個角落，療癒自己並記錄生活的活動，還讓我獲得了意外的平靜。

　　後來到了大四，我還跑去中文系修課，用繪圖軟體做了非常多自己的文章作品集，甚至開始去投稿不同領域的平台；再加上大學時我主修政治，也發揮所長開始跨界寫政治評論，參加兩岸徵文的競賽後，竟然也都有不錯的成績。

　　當你對某種人事物產生興趣時，就能從中發現自己

的興趣所在。有了興趣，你便能在生涯選擇或工作中，找尋快樂與工作的滿足感，對於面臨的挑戰，也較有強大的鬥志可以克服。

工作一年後，我發現自己不喜歡躲在幕後，希望從事付出多少、就可以獲得多少的工作。

當時我在公司時常處理資遣案，也累積了一些跟員工的小故事，突然回想起自己大學時曾有的作家夢，我就開始試著投稿，寫了一年多，還真的也意外出書了！

比起外商優渥的薪資，興趣還是重要多了，興趣，能讓我在沒有收入的狀況下，堅持到出書進而自我實現。

談完興趣，**另一種考量的向度為「會不會做」。**

「會不會」是攸關能力的問題。每個人或多或少都會擅長某一種能力，比如我或許在寫作上真的比較有天賦，但相信你也有某方面的能力能夠被人看見或認可。

愛德華·斯特朗（Edward Strong）曾提出《Theories on ability, interest, and achievement》理論，認為能力、興趣和成就會共同影響職業發展。

興趣是生涯發展中的基石，讓你在工作中不失去熱情；能力如同車的馬達，才有底氣前行；對的人格特質讓

你與應徵工作中適配度高，三者相互配合，才有辦法成就美好職涯。

這個大家應該不難理解，除了興趣，你還要有能力對公司有所貢獻，你才能養活自己。

💬 透過價值觀測評，找出你的工作觀排序

當我們進行職業選擇時，**價值觀是最重要的一部分。**

每個人會依自己的能力、興趣再搭配個人需求選擇工作，比如有人在乎薪資高低、有人重視工作與生活的平衡。

這樣影響生涯，或與工作選擇時有關的價值觀稱為「工作價值觀」。以下我提供一個我做過的價值觀測驗（註1），幫助你看清自己的排序。在未來如果要轉換工作時，你可以當做參考的依歸，就不會再鬼打牆，不知道自己到底工作要的是什麼。

請你準備紙筆，在以下選項中，選擇並寫下對你最重要的十項進行排序。

我自己最看重的工作價值觀分別是成就、影響他人、名留青史，我也在出書的過程中都做到了。

我相信你也有自己看重的十大價值觀，這些價值觀還可以在你去面試時，問問公司在意的價值觀跟你自己在意的價值觀是否接近？如果不謀而合，再搭配上前面的興趣與能力，就能成為你理想職業的縮影。

對你而言，最重要的是……

愛	信仰	家人	自尊
成就	改變	服務他人	教導
興奮	仁慈	領導他人	穩定
藝術	誠信	獨處	專業能力
社群	平衡	時間	旅行
快樂	歡笑	誠實	連結
安全感	影響他人	知識	休閒娛樂
有意義的工作	憐憫心	被認同	創造改變
幫助他人	金錢	貢獻	有競爭力
選擇	自然	啟發	擁有財務保障
自由	分享	愉悅	果決
親密關係	能力	健康	友誼
成功	喜悅	學習	正直
冒險	有效率	樂趣	有創意
獨立	成長	熱情	歸屬感
權力	冒險	舒適	進步
發揮全部潛能	和平	信任	關係
智慧	傑出	秩序	才智
傳統	名留青史	承擔風險	

💬 你的獨特賣點（USP）在哪裡？

當你在前面練習中已經盤點完興趣、能力、價值觀，我會請你開始練習寫下你的獨特賣點。如果你自己想不出來，我會建議你訪談至少十個親朋好友來找出你的獨特賣點。

USP（Unique Selling Proposition）是行銷學中的一種理論，但我為何會引導你用來找出自身賣點呢？因為在求職的時候，你就是那個商品啊！

這個觀念是當年教我求職的老師說的，影響我很深，更幫助我從外人的眼光客觀看待自己。

如果你是應屆畢業生，你的最大賣點基本上是年紀，因為很多公司喜歡白紙。

當然你可能是個校園生活多彩多姿的紅人，也可以寫下自己社團經驗豐富。如果你還有一些實習經驗那就更棒了，證明你提前與職場接軌，是你寫履歷、面試可以凸顯的職場優勢。

畢業時的我，獨特賣點在哪裡？第一、我碩士論文寫得很不錯，過去大學投稿也有得過獎，證明寫作能力是

我的一大賣點;第二、我在大學時當過國際志工,也在職涯中心公益服務過,累積了服務時數,可以成功包裝自己很有愛心,因為做人資這點真的重要啦!第三、我擔任過外商研究助理,因此我懂員工意見調查的執行面。

但如果你已經脫離新鮮人,我也給你幾個大方向,引導你寫下你的 USP:

如果你是行銷、業務,過往客戶名單,一定是你遊走江湖的武器。

同行用你,說穿了就是要撿你現成的人脈;如果你是工程師,USP 會是你的研發能力、解決系統問題的能力;如果你是後勤單位,比如人資、財會,你可以寫你如何幫公司節流。

說到底,你的 USP 在出社會後,都要環繞在你能幫老闆做出多少貢獻。讓我們首先在紙上,練習寫下你的十項 USP 吧!

2. HBDI 測驗及個人風格檢核表

　　當你已經了解興趣、能力、價值觀跟 USP 的重要性後，這裡有兩個測驗，可以幫助你瞭解自身優劣勢。

　　HBDI（Herrmann Brain Dominance Instrument，註 2）是由美國的奈德·赫曼博士所研發。透過 HBDI 全腦優勢，你能活用左右腦，發揮個人單腦優勢，並找對團隊發揮全腦優勢。

　　而個人風格測驗，只要花五分鐘的時間就可以從中知道自己的長處，也清楚自己的缺點，進而從中避開自己的缺點，找到發揮優勢的工作，或是尋找跟你互補的人，彌補你的劣勢。

📣 HBDI 測驗，找到你的優勢腦

開發這套工具以來 ，全腦優勢已在全球 27 個國家及知名外商中獲得廣泛認同，是 Fortune 500 大企業經常在使用的量表。

在學術界，也有超過 60 份博、碩士碩文以 HBDI 為研究主題，並有超過 200 萬的專業人士參與測評和培訓，不斷真正了解自己，因此說它是目前學界、業界最具有公信力的測評工具之一也絕不為過。

HBDI 是從人的思考脈絡來組合全腦優勢，針對大腦的思考傾向、行為風格、能力做深入分析。

人在碰到不同的工作情境時，大腦就會依據自己的偏好，自動做出抉擇。

多數人的腦力都呈現多元組合，但在做決定時，基本上都是用第一腦、第二腦，因此這個測驗就是幫助你找到優勢腦！你可以找出一到兩項最高分，作為一個參考。

請選出八項你最喜歡的事

A 單打獨鬥	A 推動工作	A 分析資料
B 建立事務	B 建立秩序	B 保持現況
C 集合眾人共同合作	C 與人合作	C 教導別人
D 願意冒險	D 實驗機會	D 多元變化
A 綜合事物	A 分析	A 計算數字
B 文書作業	B 注意細節	B 穩住現況
C 傾聽述說	C 協助他人	C 隸屬團體的一份子
D 觸發改變	D 擁有廣大空間	D 開發新事物
A 迎向挑戰	A 完成工作	A 釐清問題
B 準時做完事情	B 環境井然有序	B 提供支持
C 溝通工作	C 建立關係	C 指導別人
D 設計規畫	D 勾勒願景	D 由起點想見終點
A 邏輯推理	A 解決難題	
B 管理事務	B 規畫事情	
C 服務他人	C 說服別人	
D 刺激	D 推銷想法	
A 遵守成規	A 解決事情	
B 控制事務	B 井井有條的工作	
C 證明想法	C 寫出想法	
D 構想解決問題	D 四處走走	

接下來請你統計出各代碼的結果，找出數量最多的兩項，看以下分析結果。

其中，AB 選項代表著左腦，CD 選項代表著右腦，

如果你左腦比較發達，處理事情大多比較有邏輯、條理，可能更善於做技術類、抽象的工作；右腦比較發達的人，更相信直覺，對事物有更主觀的看法，會比較適合從事求新求變、人際取向的工作。

經歸納後，再將人腦細分成 A、B、C、D 四個象限，A 腦掌管的是邏輯、分析，以目標為導向；B 腦著重次序、細節，凡事就按部就班；C 腦重人際關係，一切情感為依歸；D 腦重直覺、創新為其主要思考模式。

接下來，我們就要來談各象限分別有什麼單腦優勢：

◆A 象限（藍腦）

思考模式傾向理性思維。這樣的人通常喜歡收集完事實再做出決定，喜歡用邏輯次序引導他人。A 象限高的人，大多是工程師、醫生、學術人員、專家學者型的代表為主。

◆B 象限（綠腦）

思考模式傾向中規中矩。他們大多工作喜歡按部就班、腳踏實地，根據 SOP 做出決定。B 象限高的人，大多是財務或會計為主，我前東家的主管就是典型的代表，

面對一團亂的數據或流程，都可以理出頭緒。

◆ C 象限（紅腦）

思考模式重視情感、人際關係，大多是 People person！C 象限得分高的人，大多適合展現表達能力或是幫助別人的工作。這類型的人大多適合從事業務、作家、老師等，我就是典型的紅腦人，大家應該不意外。

◆ D 象限（黃腦）

思考模式重視直覺和創新。如果你是典型的黃腦人，大多適合創業、行銷、設計。

這類型的人不喜歡被束縛，喜歡打破常規，一般企業家大多會是標準的黃腦人，我自己黃腦也很高，因為我就是喜歡求新求變，不斷創新去尋找寫作題材。

當然，做這個測驗最重要的還是了解、接納、欣賞、活用全腦優勢。

如果你已經是一個主管，我就會建議你應該找個跟你互補的下屬，才能創造合一優勢。

💬 從個人風格測驗，了解自我優劣勢

前面了解完你的單腦優勢後，我要來談談個人工作風格（註3）的重要性。

身處職場中，你往往需要透過團隊合作以達成工作目標，**但在與人合作過程中，卻常因為彼此的行事風格與習慣的不同，而發生相處與溝通的問題。**

如果個人能清楚瞭解自己與他人的處事風格與特性，便能在合作的過程中彼此協調互補，理解彼此，進而發揮團隊最大的力量。

大家可搜尋「個人風格檢核」關鍵字，測驗看看自己屬於哪種個人風格？

個人風格可分為四種，分別為理智型、組織型、情感型和開創型，簡單說明各類型的人，一般會有什麼顯著的特徵：

◆ 理智型
就事論事，以理服人。

◆ 組織型
按部就班，組織條理，缺點是心直口快、義正詞嚴。

◆ 情感型
和藹可親、樂於助人，缺點是優柔寡斷、不夠果決。
◆ 開創型
創意思考，勇於嘗試。

這跟前面的測評結果會有一點相似，但在前面的測驗中，我對應到的是紅腦跟黃腦，這邊我測出來的結果就是開創跟情感型，前面測驗著重在找出單腦優勢，這個測驗最主要用來認清自己的致命傷。

每種類型的人，都應該認清自己的劣勢，並在工作的時候盡可能小心，如果你是主管就要包容不同類型的人，並把不同風格的下屬安排到適合的職務，以符合其人格特質。

測驗完的同時，你還會得到右頁的分布圖。我就能發現，自己其實是開創型比情感型高一些，可以知道屬於自己的行為特徵。講白一點，你的優點就會是你某種程度上的缺點，你可以參照來修正自己的劣勢。

以我自己為例，我剛開始做自媒體的時候，對拍影片還是純寫作這件事就拿不定主意，此時「勇於嘗試」，

就成了我寫作上最大的優點。

　　我也不知道讀者喜歡什麼樣的文章，還真的是靠多方嘗試找到自己的出路，所以人還真的要認清自己潛在的優勢在哪裡。

我的個人風格解析

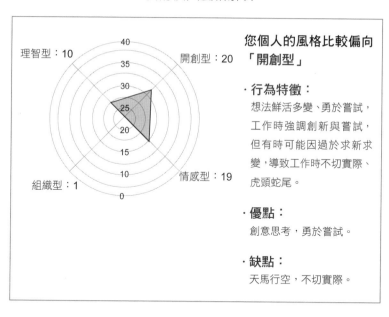

您個人的風格比較偏向「開創型」

· **行為特徵：**
想法鮮活多變、勇於嘗試，工作時強調創新與嘗試，但有時可能因過於求新求變，導致工作時不切實際、虎頭蛇尾。

· **優點：**
創意思考，勇於嘗試。

· **缺點：**
天馬行空，不切實際。

3. 參加不擅長的比賽，就註定了要輸

　　我相信做了那麼多測驗，你應該對自身充滿了一些驚喜的頓悟，現在我要你做一個很決定：**拋棄你不擅長的工作，不要在未來的工作中重蹈覆轍。**請全力去發揮你的強項，去找能發揮優勢和天賦的工作。

　　這聽起來很困難，相信我，離職的時候，我也掙扎過，但當時有多掙扎，如今我就有多感謝教我這些測驗的老師。

　　她點破我，直接說我不適合做幕僚，我適合的是業務、創業、訓練，越能夠站在舞台上的工作，越適合我。

　　當時我做完的結果也很有驚喜感，過往我都覺得自己偏內向型人格，但老師說的沒錯，是我不知道，原來自己出去演講還是寫作都能推銷自己的想法，還能夠受人肯定，獲得助人的成就感。

💬 出社會後，你沒有太多試錯的時間成本

生涯探索這件事，在越年輕時找到自己的領域，就能越快找到自己熱愛的工作，讓對的人看見你。

如果看這本書的你還很年輕，那轉換跑道，你真的沒什麼包袱需要猶豫的，也真的沒必要一輩子死守一份不擅長的工作。

當時我去上課，就是工作一陣子遇到了瓶頸，哪怕我在公司再熬一陣子就可以升遷，我還是鐵了心、不打算久留。

如果你已經超過 30 歲，我也跟你說個故事，給你轉換跑道的勇氣。我有個學姊在 35 歲時離開台灣，去香港念博士班。她原本的工作是大家心目中的鐵飯碗——公務員，所以當時我簡直不能相信，她居然有勇氣放棄台灣的一切。

但她說她熱愛學術，就這麼簡單！直到我離職那天，接到了出版邀約，我才跟她說，原來做自己熱愛且擅長的工作，心甘情願付出代價多重要。

我們都做到了，相信你也可以。

我離開公司最主要的原因，是我認清自己個性喜歡

求新求變，根本不適合一成不變的工作。

我就算可以做得還不錯，甚至考績頗高，有被調薪，但是捫心自問並沒有太大的熱情和成就感，不想自欺欺人。

我沒有因為外商優渥的薪資就被綁架，離開對我來說，只是快刀斬亂麻，去做自己擅長且喜歡的工作而已。

有人擅長在幕前當明星，有人擅長站在幕後，沒有對錯。如果你跟我一樣，要當一個光芒耀眼的人，你就必須放棄跟你個性不合拍的工作。

當時的我，知道這樣的數字工作，我再怎麼努力還是不可能跟財務出身的主管一樣強，我的興趣也不在此，後來因緣際會被學弟邀約去演講，還是自己基於興趣寫作，都不用太費力就強太多，還能很快做出績效。

做任何決定本來就是機會成本，如果你不知道自己想要什麼，那就先放棄你花時間也贏不了別人的東西吧！

多年前，我在學校聽了一位知名主播演講，他說他英文比較好，數學就沒有那麼好，那不如選擇看重英文的科系，求職不也是如此嗎？

離開了校園，比的不是總分，而是單項最高分，人

不可能因為彌補弱項就出類拔萃。我相信你也會有專精的領域，固守你的強項，比起當狐狸，當刺蝟的你會跟我一樣，發展得更好。

🗨 三大關鍵，幫助你找到天職

最後，我相信每個人開始工作，都會希望自己能夠朝向自我實現邁進，希望自己的工作不是為了餬口，而是追求人生的意義和自我實現！

那要如何找到天職呢？我會說熱情、態度和機會缺一不可。你看我的文章，應該可以感受到我對寫作的熱情吧？我可以一直寫也不覺得疲憊，因為我會有一股心流帶領我前進，忘記了時間，而我相信，你一定也有過這樣的經驗！

我是肯·羅賓森（Ken Robinson）的信奉者，也是從他的 Ted talk 演講開始對「天職」的概念有所了解。除了熱情外，最打動我的一句話，是「幸運來自你的態度。」

找到天職的第二個關鍵，我想請你問問自己，你是否積極進取，相信努力就能有所收穫？

你聽過朱利安・羅特所提出的內外控人格特質嗎？所謂內外控取向，指的是一個人自認控制命運的程度。

認同命運自主性較強者，稱為內控者（Internal Control）；而認為命運天生自有安排的人，稱為「外控者（External Control）」。

外控類型的人通常會將其命運歸咎於自己不能控制的事情；內控的人則會以自己付出多少，就能對命運掌握多少，我自認，自己就是標準內控型的女生。

很多人說我很幸運，能出書當作家，做著自己喜歡的事，找到了自己的天職，但其實能不能找到天職，不會只因為你有天分且勤奮就能達成。

我能成功出書的關鍵，在於我相信命運掌握在自己手裡。我一直用積極態度去創造運氣，讓機會看見我。

我曾跟我的編輯 Queena 聊到要出書的事，因為我跟她合作很久，她知道我並非外人說的那種英雄出少年型的女生，所以她覺得我的努力是有目共睹，實至名歸而已。

也有一個主管朋友對我說：「與其說莫莉你很有狼性（aggressive），不如說你是很堅定（assertive），知道自己要的什麼。」

剛開始寫文章時，我是完全沒有收入的，大媒體也

會拒絕我的文章，甚至合作過的出版社也沒跟我談過出書。

剛開始光靠興趣不能糊口，我也沒有離職或是放棄寫作的夢想，對我來說，如果能夠做自己喜歡又擅長的事，即便下班還是假日不能全職做，我也樂此不疲。

除了態度外，第三個找到天職的關鍵，在於找到展現自己的通路。

大家會認識我，除了透過網路文章、粉絲團外，其實我還有前東家的主管、高中老師、大學學弟妹都是我的通路。你坐擁才華卻不知道怎麼曝光自己，說穿了都是有志難伸罷了。

大家可能都知道我有非常多平台的專欄，簽約大多是我主動問編輯的，直到我能寫出流量，已經做出績效，才比較少被拒絕。

當你在工作中，**展現熱情和對的工作態度，也願意去主動爭取機會，你一定可以跟我一樣，做自己喜歡的事還很有成就感。**

找到自己的天職，是需要自身努力的。沒有什麼機會是從天而降，請你現在開始相信自己，請擺脫社會的框

架、為自己的理想工作努力吧！

　　當你已經準備好了，下一個章節，我們就要開始展開行動，準備求職了！

....

（註1）內容參考：《走吧！去做你真正渴望的事：創造有意義人生的7分鐘微行動》艾莉森・路易斯著。

（註2）HBDI 全 腦 優 勢：https://www.quiwa.net/User/Quiz?id=1af8e34e-fcf4-4a53-a3ed-5ff08b2ad38f

（註3）內容參考：《全腦革命：激發個人與組織的創造力》奈德・赫曼著。

重點整理

1. 你的理想職業，應同時具備「能力」「興趣」「價值觀」這三要素。

2. 「價值觀」要素可以透過價值觀測評來挖掘。（見 P024）

3. 練習寫下你的獨特賣點（USP），在寫履歷、面試時都可以凸顯你的職場優勢。

4. 透過 HBDI 全腦優勢，找到你的優勢腦。（見 P028）

5. 透過個人風格測驗，了解自我優劣勢。（見 P033）

6. 利用以上測驗，避免參加「不擅長的」比賽，找到你的天職。

第 2 章

求職前必做的功課，
無形中增加勝率

相信在第 1 章，你已經對自身優勢有了一番掌握。

接下來這個章節，我要教你如何在寫履歷和面試前，善用人脈還有 LinkedIn，跟對的人打交道。除了人力銀行外，你還有其他手法丟履歷，並拿到面試機會。

當然，拿到面試機會後，最重要的是如何判斷公司適不適合自己。因此，面試前如何做研究，也是我要在這個章節要教你的學問。

最後，我要先跟你說，每家公司都有自己的問題。不是每個人都需要跳槽，也希望你知道跳槽的代價在哪裡，希望你可以按兵不動，冷靜下來問問自己，現階段的你，非走不可嗎？真的非走不可，你應該有什麼樣的心理準備呢？

1. 送履歷爭取面試機會，請你臉皮厚一點！

　　大多數的台灣人求職，人力銀行都是第一優先，但除了投人力銀行的履歷之外，好的「人脈關係」，也是可以幫你找到好工作的另一條路！

　　還記得我剛畢業那年，去上了課才知道，為何學生時代的自己找實習、上網投一堆職缺卻沒有下文，原來是沒人脈。

　　當時教我求職的老師告訴我，如果我有親朋好友在大公司工作的，一定要厚臉皮求他幫你丟履歷。

　　有被內部員工推薦的履歷，都會特別獨立出來給人資主管。當時還是學生的我真是醍醐灌頂，想說有人脈真好，難怪我那麼努力找，也只收到一堆無聲卡。

　　直到去上班，我才發現任職的公司非常喜歡近親繁

殖，直接靠同事挖朋友就能找到人。而且通常靠介紹進來的人，品質也很不錯，因為沒人會介紹一個能力差的人砸了自己的招牌。

況且，我之前任職的公司，薪水都給得滿好的，肥缺自然不落外人田，大家當然找自己的昔日戰友進公司。

今天你如果要開始找工作，你應該做的第一件事情不是開始寫履歷，**而是想想看有什麼人脈能夠讓你走捷徑？**

告訴你一個殘酷的真相，我的好友 C 在一家外商顧問公司任職，公司甚至還有員工推薦系統，可以讓內部員工丟履歷，直接進公司人才庫。靠他介紹的人基本上都直接錄用，所以找工作單打獨鬥，勝率真的不高。

有一次，我跟一個經理級的朋友吃飯，他說他的下屬跑了，正在找人，我突然想到之前去演講，有個很優秀的學生正在找工作，我也覺得她很適合我朋友的公司，所以我就直接幫這個學生丟履歷，這位經理朋友也誠意十足，立刻幫她安排面試。

說到底，為何她會接受我的引薦呢？那是因為我用我的名譽幫學生掛保證，朋友再用內部員工的身分，直接

跟人資部門說要立刻面試,當然效果好又快!果然,後來學生就來跟我說,朋友直接錄取她了。

看到這裡,你還不快去聯絡有機會幫你介紹工作的朋友或老師?你可能會覺得這樣欠人情,但你沒想過,原來臉皮厚一點,或許就會有意想不到的人幫你介紹工作了。說穿了,工作就是有問有機會,沒問沒機會,如此簡單。

訪談十個學長姊或業界前輩,無形中拓展求職人脈圈

可能很多人會覺得自己沒有人脈,**那我要請你想想自己的學長姊了!**因為他們就是你最好的詢問目標!很多學校的學長姊還很提拔自己人。

我的大學老師曾經在課堂上說,她剛畢業那年,去了一家公司面試,那家公司因為當時的大學沒那麼多,因此很照顧自己人,老師就這樣被錄取耶!聽起來很幸運,但真實的案例還真的很多。

學弟妹幫上學長姊的案例甚至也有。前陣子我去南投職涯中心演講,竟然巧遇同個研究所的元老級學長,還

是他主動來跟我相認的。

學長因為年紀的原因，回到中部發展得不太順利，我知道後當然會多多關照，也幫他介紹了一個業界前輩，引薦工作。

千萬不要低估校友的力量。只要你願意去請教，都有機會詢問到工作機會。千萬別當宅男宅女！工作機會不會從天而降，是開口問出來的。

我念碩士的時候，系上老師也都會去要邀請學長姊回來演講，如果你是還在學的人，機會不就來了！記得去要一張名片或聯絡方式，保持跟學長姊的聯繫應該不難吧！

我的學長姊大多都是靠這個方式認識來的，而且也都還有保持聯絡，大家當然會互通有無，分享公司的情報跟職缺；也有學長姊會透過系辦，提供求職機會。重點在於你要走出去，多參加活動，多認識人就對了！

如果你是新鮮人，我推薦你**一定要去參加台大就業博覽會**！

那裡有很多大型台商打廣告，這可是你接觸企業人資的大好機會。我剛畢業那年，可是從那邊得到很多大型

台商的面試機會，還認識一個同業教我寫履歷、找工作。

給新鮮人的建議，你自己也要多投履歷，畢竟現階段的你，不見得都有人脈能幫得上你，因為你缺乏資歷，除了厚臉皮，你也要自立自強。

跟獵人頭公司、人資打交道，打聽情報和薪資行情

如果你稍有一些業界資歷，我就會建議你直接跟獵人頭公司或人資打交道，因為你或多或少已經累積了一些底氣，有選擇工作跟談薪資的本錢。

先談談跟人資打交道的好處在哪。人資當然也會認識其他同業，總有其他同業的公司在缺人。

台灣多數大公司的人資，都是來自某幾間特定的人資所。講真的，因為圈子很小，要打聽很多事情都不難。

稍有規模的公司，都是人資去核薪的，因此也可以看到公司的薪資；負責招募的人資，還掌握了公司用人大權！

說到底，人資能掌握一般員工看不到的機密，所以你對哪些公司有興趣，最好能跟待過這家公司的人資建立

關係，才有機會打聽到公司的用人標準在哪裡、面試有什麼流程！

再來談談為何要跟獵人頭公司打交道。最主要的是跟獵人頭公司合作，可以保護你求職的意向。

獵人頭負責招募的職缺是受客戶委託，有其機密性，因此不會在人力銀行直接露出公司名稱，你必須跟他們電話聯繫或約面試，才能知道更多細節。

獵人頭公司通常有非常多案件在同步找人，因此獵人頭會為了成單，會盡量要你多去幾家面試，事先幫你套好招啦！

當然，台灣的獵人頭不專業的也時有所聞，因此最好的方法是請靠譜的業界朋友介紹，或認識的人資主管引薦。

特別建議你詢問當過人資主管的朋友，因為人資主管一定合作過不同家獵人頭公司，一定比你清楚風評。

當然，如果你還沒有跟獵人頭打過交道，我會優先推薦比較知名的大公司，先進行合作，並多跟幾個獵人頭合作。

有一個小小的提醒，好的獵人頭口風一定要緊，當

然還要能給你一些專業的職涯建議，能夠當你 Life career coach 的顧問會是最好的選擇。

2. 在 LinkedIn 連結業界關鍵人物，主動寫信尋求內薦

前面提到求職要找人資跟獵人頭最有用，現在要跟你介紹一個求職管道：LinkedIn。

LinkedIn 是很多外商中高階和大型台商的徵才管道，你只要有一個帳戶，就能連結業界關鍵人脈。很多獵人頭和人資都在這邊挖人，因此你一定要辦一個！

很多台灣人不知其妙用，每次去演講，問大家誰有 LinkedIn，台灣人沒幾個有辦；但去教老外求職，基本上大家都有。

我曾經在 LinkedIn 上收到一個法國人的來信，說他對我任職的公司有興趣，從 LinkedIn 找到我的信箱，把他的履歷寄給我，跟我說他在找什麼職缺。

這是我第一次收到陌生人的履歷，當時覺得蠻驚訝

的，但他的積極主動，給我留下了深刻的印象。

不知道身為台灣人的你，有沒有對老外進取的態度（厚臉皮）給震懾到？

其實，不論你對哪家公司有興趣，都可以像這個法國人一樣，在 LinkedIn 上寄信詢問，為自己爭取一個面試機會。

再跟大家說一個顧問公司教我的求職技巧，那就是主動去 message 你想應徵公司的總經理，直接詢問職缺。

我還是學生時，知道內行人是這樣幫自己找工作的也是嚇到，她還建議我也試試看！其實效果比你想像的要好！

舉了那麼多高手的求職方法，就是要你學起來，去跟業界一些關鍵人物加好友，展開對話。

在 LinkedIn 上面，多數人即使跟你不認識，通常也會讓你加好友的，也有很多獵人頭會時常掛在上面，尋覓人才。

當然，前提是你要在上面放上你的履歷，加對的人好友、留下聯絡方式，才能幫自己打開希望之門。

我有一個蘇格蘭朋友 Alan 在台灣做獵人頭，你只要在 LinkedIn 加他好友，他甚至會主動跟你打招呼，有求職需求也願意打電話給你。

他是我在演講認識的美國朋友介紹給我的。透過 LinkedIn，我自己也無形中認識了許多新朋友。他會跟我分享一些業界的資訊，也教過我很多困難的面試題型如何應對，所以你一定要有 LinkedIn，才能透過人脈再轉介人脈或是工作機會。

用 LinkedIn 打聽老闆風評和過往資歷

當你已經學會連結人脈，還有打聽產業消息的方法，你可能已經獲得了一些面試機會。

這時，LinkedIn 最重要的功能出現了，那就是在面試前，**你應該搜尋你的面試官。**這件事只要透過 LinkedIn 就能辦到。

我相信大家應該都不希望遇到慣老闆，於是學姊 F 教我搜尋面試官的公司或名字，就可以輕鬆找到面試你的主管過去在哪任職、做過什麼。

你更可以看看他跟你之間有什麼共同好友，再利用

人脈詢問未來老闆的風評。

我會要你這麼做，是因為你如果能知道面談主管的背景，在面試的時候，就可以製造更多話題。

當然我自己找工作時，也很在意主管的能力和過往經歷。透過 LinkedIn 搜尋，我都能輕鬆知道主管來歷。

還在職時，我曾經對某一家公司頗感興趣，想去面試看看。知道遊戲規則如我，就先跟一個 LinkedIn 好友打聽面談主管的風格和來歷。後來，好友還介紹我跟一個同校學姊面試呢！

要拿到一個面試機會不會太難，只要參考前面的步驟，我相信你一樣能輕鬆做到。

有學者提出六度分隔理論（Six Degrees of Separation）認為世界上任何互不相識的兩個人，只需要少許的中間人牽線，就能夠建立起關係。

可想而知，你跟即將面試你的人，一定也是透過人脈就能建立起聯繫。請大家面試前，**務必用 LinkedIn 打聽你的老闆風評和過往資歷，讓自己先立於不敗之地。**

3. 外商和台商哪個適合你？
從 P-O Fit 和人格特質談起

　　什麼樣的公司適合你？你又應該如何做研究，徹底了解一家公司？

　　每家公司的風俗民情不同，就跟人的個性一樣百百種。與其幻想能夠找到一家完美的公司，**不如事先知道自己的個性跟人格特質適合什麼樣的職場環境。**

　　先從外商談起，外商基本上有美商、歐商、日商，各自都有不同的企業文化。

　　我自己任職過的公司也是外商，一般來說，如果是歐商，文化會比較注重 Work life balance 一點。會給比較好的年假，甚至可以在家工作，整體上的缺點就是過年都要繼續工作。

而在決策上來說，講難聽一點就是需要聽命於總部。台灣的外商不會是那種在紐約、上海、香港的規模和格局，因此在台灣分公司任職要成為要員，是非常困難的一件事，也不容易高升。

　　英商和美商文化就更現實一點，如果沒辦法立刻做出績效，公司隨時可以要你回家吃自己。三到五年來個組織改革，隨時都會炒走一票員工，被迫換主管都家常便飯。知名外商基層的職員，大多在台灣也都開約聘了，因此，進外商一定要有不一定能久留的心理準備。

　　同時，外商來台灣設點，主要是為了省人力，同樣用一個人，在台灣基本上是歐洲同職位的三分之一的價錢。

　　但只要生意不好做，公司收起來或被併購，也是時有所聞，我之前在公司處理資遣費，時常能感受到外商現實的一面。

　　日商比較在乎忠誠度且工作態度嚴謹，內部也有一套嚴密的工作流程。

　　我有個前同事就是 Sony 出來的，做事非常細心，從剛畢業到離職，他一做就是七年。這就是日商的文化，傾

向你能長期做下去，跟我這個前同事一樣。

　　台商文化上會貼近日商一點，也比較在乎忠誠度、穩定度。我自己覺得台商除了在意員工聽不聽話，服從度高也蠻重要的。太有自己主見的人，我個人感覺並不適合本土公司。

　　外商用人有一個基本原則，**就是先考慮個人與組織的適配度（person-organization fit），再考慮個人與工作適配度（person-job fit），因此就算沒有經驗，還是有機會進去的。**
　　用人主管會特別在乎人選在面談時是否能展現出公司所重視的價值觀，還有人選是否具有該職位相對應的人格特質。
　　工作所需的專業能力，公司都能教會你，人格特質卻不能培養。**因此能否適應公司文化，更決定了你在外商能不能長期待下去。**
　　可想而知，找工作只能找最適合自己的。當然你的人格特質，也會影響你能進哪種文化的公司，像我自己去面試台商，都不太會上啊！
　　剛畢業去外商工作，朋友都不意外，說我的個性比

較進取、直接，根本不適合本土公司。

　　但有一些人反而不太適合外商。我教過一個曾被外商資遣的藥廠業務，他的個性比較聽話溫順，我就直接說，你回去外商會滿辛苦的，因為外商的人兇猛居多，建議他回台商發展。後來他回去前東家，一家本土藥廠，就馬上當上主管。

　　我認識另一個活潑外向、能言善道的藥師，跟上述業務個性就截然不同，一聊就猜到他以前是外商藥廠的業務，人格特質跟台商出來的業務個性就差太多。

　　說到底，人只有在適合自己個性的地方，才能有發揮的舞台。

 用股價、財報、媒體報導，判斷公司未來潛力

　　前面搞懂了什麼公司文化適合自己的個性，接下來我要來教你如何研究一家公司。

　　轉職前，你必須看三件事：**看市場、看老闆、看下家要去哪裡。**因為出社會後，你並沒有那麼多看走眼的本錢。

◆ 1. 看大趨勢，看公司長遠的發展潛力

也就是俗稱看的市場。你可以多做研究，看看這個市場是不是飽和或衰退，如果是，這家公司的市場性就不太好。

看市場某種程度上，就是要聰明選擇產業。不同產業的薪資在台灣實在差太多，尤其是同職位的選擇中，相距甚遠。

如果是本土公司，當然金融業、科技業都很不錯，竹科一堆工程師都年薪破百萬。

金融業也是不錯的選擇，儲備幹部一畢業就薪水頗高，公股銀行年終都滿多的。

外商的話，其實菸酒、藥廠、FMCG 都薪水頗高，如果你不計較公司規模大小，很多新創公司需要資深的人來建制度，薪水就也很敢給，可以納入考慮。

◆ 2. 看老闆

共事最重要的，就是看老闆。老闆跟你不合拍、或不喜歡你，你就算很優秀，也很難被看見。

老闆要怎麼看？首先看有沒有能力，個性最好能跟你互補；再來看老闆的管理風格，他是喜歡充分授權還是

事必躬親？

如果遇到一個思考風格完全不合拍的主管，估計你不會有什麼好日子過。而這些，你其實都能在面試時直接詢問，而不是進去後發現不合適，再說自己看走眼。公司要挑員工，你也要挑主管。

◆ 3. 離職後，你能去哪裡？

選擇公司的時候，不僅要看這家公司能帶給你什麼，你有沒有想過以後不在這家公司了，出去會不會有競爭力，還有這個職位的經驗能帶給你什麼附加價值？這段工作經歷能幫你的個人品牌背書嗎？

在尋找下一份工作前，多思考這件事，你會豁然開朗。去任何一家公司都會影響到你日後的發展，事先查詢公司股價、閱讀財報、媒體報導，都能幫助你判斷公司是否值得加入。

💬 熟讀 CSR Report，謹記公司重要資訊

前面提到挑選公司要看資料，這邊在特別提及一個去大公司面試前必看的資料：**企業社會責任報告書（CSR**

Report）。

　　一般上市上櫃的公司或知名外商官網一定能找到這個報告，它會呈現該年度在經濟、環境、社會、治理等績效表現。如果你下載之後看得更仔細，你會看到重要資訊例如公司營運狀況、組織架構、公司未來發展方向等。

　　這其中有一個章節叫人力資本（Human capital），你要特別看過。這裡會有很多圖表呈現正職員工人數、性別、分公司的分布，還有公司的人力資源做得怎麼樣。

　　因為當人資的關係，我才會特別知道**面試前看 CSR Report 可以直接掌握公司最新的狀況。**

　　常有朋友來問我，如何判斷一家外商企業是否優質？我會建議看看這家公司是否得過一些有公信力的獎項，像是快樂工作人大獎、全球最佳雇主，或是 HR Asia Awards, Best Companies to Work for in Asia 亞洲最佳企業雇主。

　　其中 HR Asia Awards 是亞太區人力資源管理領域最具權威指標性的獎項之一，能獲獎的公司，代表該企業於 HR 領域上出類拔萃，且制度健全。

　　誰都想要去一家尊重員工發展的公司，所以你一定要自己多做功課。

4. 你非跳槽不可嗎？

認清到哪都沒有完美的公司

當你知道求職前要有人脈，也學會判讀很多公司資料後，我相信你收集到很多正面或負面的資訊，你可能會思考這家公司到底值不值得你跳槽。

我也不是聖人，還沒離職前，有段日子我自己也很想走，當時也找了一些前輩聊過，他們都跟我說如果公司可以輪調還是升遷，盡量先看看有沒有什麼機會，履歷不用中斷最好，因為每家公司都有自己的問題，離開也不一定好。最後，礙於公司的狀況不能輪調，我才決定離開另謀出路。

提醒大家，如果你的公司是有機會求內部發展的，你應該事先跟主管溝通。

但當你在公司升遷機會有限，或是要等太久，年紀

沒超過 35 歲的話，我反而不建議你一個地方待太久，當苦守寒窯的王寶釧。

你不如學習老外隨時往外看的機會，死守在戲棚下，久了不也見得是你的。

我看過太多悲慘的例子，那就是升遷不見得輪到你，基本上，升遷也要有人走，才有機會啊！

有些主管不升你的原因，其實是他自己不會走，或是他也升不上去了，當然也不可能升你職。最慘的是主管能力不好，離開也沒有更好的發展，更不可能離開。

如果你能力不錯，請你開始打開 LinkedIn 吧！你夠強，自然有人會來挖角你的，有沒有行情，打開 LinkedIn 就知道。

台灣沒有歐洲年假那麼多，雖然不利於求職者頻繁換工作，但自己的職涯發展終究只能靠自己。

老闆跟公司有自己的立場，誰都不希望天天找人，還是找到的人只是來過水。明哲保身之道，是你不一定要立刻換工作，先觀望有更好的發展再考慮走也不遲。

還在職的時候，我曾經跟一位外國前同事聊天，聊到台灣的職場文化很在乎忠誠度時，他給當年的我一個當

頭棒喝：「<u>待得久不是你忠誠度高，離不開的人大多是競</u><u>爭力不足。</u>」

這個前同事能力滿好的，說這話當然有其道理。離開公司他根本不會找不到工作，後來還跳槽去了一家家電龍頭。

他說他新公司的下屬待了六年還是沒升遷，公司的總經理還是找了他空降高層，下屬就算再不服氣也只能接受這個事實。

如果你在職場久了，你一定知道這樣的故事時有所聞。

老闆其實不是傻蛋，早就看穿誰不會走，誰遲早會走。當公司的發展方向跟自己的職涯規畫有落差，多看外面的機會，你沒有損失。工作能不能越換越好，還是回歸到你個人能力。

💬 職涯是場馬拉松，而非短跑

如果你想清楚，下定決心要轉換跑道，我覺得也很好，那就努力去找吧！

很多人在待業時，跟我說他這段日子心慌或失去自信，但找工作這件事本來就需要一點時間，才能找到滿意的，急也沒用，反而會失去判斷力。

　　我可以跟大家講一個秘密，通常徵人越急的公司，越是容易出現要你去救火的狀況，避免去填坑的關鍵，就是冷靜。

　　我剛畢業時，也歷經過待業的日子，每天覺得很心煩。直到我自己出來教人求職，看過很多人轉換跑道，也不一定能立刻找到滿意的。

　　在還沒找到工作這段期間，你應該對自己信心喊話，待業時的心理素質很重要，與其心急找到不合適的工作，不如一次找到滿意的。

　　這段日子裡，不如多找一些前輩還是學長姊聊一下，甚至修改履歷都好，千萬別浪費時間。

　　我有個朋友，剛畢業時，去一家公司做了半年，但後來覺得不適合，於是每天開人力銀行，騎驢找馬。

　　他常跟我抱怨前公司有多爛，結果又因為太衝動做出選擇，重複前一次的錯誤。

其實找工作就跟找對象一樣，你沒有那麼多看走眼的本錢。看走眼，又要重新面試，一家公司至少也要兩到三次面試，既要找各種藉口請假，新公司還不見得都會錄取你，豈不是自找麻煩？

我就叫這個朋友慢慢找，不要再去任何地方過水了，後來他在我循循善誘之下，終於找到一家上市上櫃的公司，工作才比較穩定。

待業時，我給大家一些小小的建議。

如果你是新鮮人，收到拒絕卡真的是家常便飯。 現實的社會沒有分齡組的比賽，跟你競爭的人，很多還比你有經驗，甚至學經歷比你更好。

愛用新鮮人的主管不是沒有，但是用新鮮人的主管都知道有個最大的風險，就是他們大多做不久，也不知道自己要的是什麼。

有些主管會跟我抱怨說，現在的年輕人很有個性、難管教。告誡大家，新鮮人找第一份工作最好別眼高手低，無論大小規模都要去面試。

找工作就是賣乖、賣態度，不要有太多自己的意見。因為現階段的你，沒有太多本錢跟人叫板。

當你有了一定的業界經驗時，換工作就要越謹慎。

請懂得善用人脈，借力使力，隨時更新 LinkedIn，在公司就要記錄日常工作績效，不要到了要離職了，才開始寫履歷。

你不能奢望獵人頭都好心幫你修改履歷，他們服務的是客戶，你應該隨時準備好你的履歷，待價而沽，當獵人頭來臨時，提交有質感的履歷。

接下來第 3 章，我會手把手教你如何寫出一個讓 HR 跟獵人頭一看就感興趣的履歷！好的履歷就是你的門面，請隨時準備好自己的門面！

重點整理

1. 找到好工作的關鍵,是先掌握你的好人脈!給新鮮人的建議, 你的學長姊、老師就是在校時就能掌握的人脈關係。

2. 與獵人頭公司打交道,可以確保你的求職意向,也能藉此打聽 薪資及情報;與人資朋友多探聽,了解面試流程及用人標準。

3. LinkedIn 兩大好處:幫你拓展新人脈,也能用來打聽老闆風評 和過往資歷。

4. 外商的月亮不一定比較圓,利用第 1 章的測驗,評斷自己的風 格與公司是否合適,更決定了你能不能長期待下去。

5. 外商用人原則:先考慮個人與組織的適配度,再考慮個人與工 作適配度。沒有工作經驗也不要太緊張。

6. 轉職前看三件事:看市場、看老闆、看下家要去哪裡。

7. 翻閱企業社會責任報告書(CSR Report) 中的人力資本 (Human capital),掌握公司最新的狀況。

8. 不要害怕轉職。待得久不一定是忠誠度高,真話是離不開的人 大多競爭力不足。

第 3 章

十秒決勝！
中英文履歷和 LinkedIn 這樣寫

前一章提到許多求職的遊戲規則，這個章節我要教你如何寫出一個十秒決勝的中英文履歷，直接蠱惑面試官的心。

　　首先，我會教你如何先閱讀工作說明書，客製化中英文履歷；接下來，我會再教你如何在人力銀行還有 LinkedIn 增加曝光，甚至讓你的 profile 排名在搜尋引擎前面，更容易被人資或獵人頭挖角。

　　一般求職者最大的問題就是英文履歷寫不好，所以我會直接提供範例跟句型，你只要把握一個大原則，進行模仿就行。照著我的步驟撰寫，你就可以投遞出完美的履歷，爭取到面試機會！

JOB APPLICATION

APPLICANT INFORMATION

Last Name

RESUME

123.5555.4321 | myresumeee@examplezmail.com

CAREER OBJECTIVE

An employment opportunity in a Business Development related field.

SUMMARY OF QUALIFICATIONS

Accomplished in recognizing opportunities to develop business prospects and helped the organization become successful. Well analyzing informative data skills such as customers and market trend and succeeded in establishing business alliances.

PROFESSIONAL EXPERIENCE

AABZ Advertising Example Agency

2012-Present

Business Development Manager

1. 寫履歷前，你要熟讀工作說明，並挖掘職能關鍵字

　　寫履歷的第一步驟，請不要衝動地直接下筆。你應該先去看過有興趣的職缺，**確認工作說明裡有什麼職能關鍵字**。

　　一般來說，人資在後台找人的時候，你的履歷裡寫上越多應徵職位相關的關鍵字，你就越容易被搜尋出來。

　　舉例來說，如果你要應徵人資，在你的履歷中應該多出現選、育、用、留，或是招募、訓練、薪資、員工關係四大領域等相關字眼。如果你有相關的學歷，也可以註明自己是 MBA。

　　依照你自己所屬的領域，依樣畫葫蘆，你也可以找到許多關鍵字。我會建議你在寫履歷之前，**至少讀 5 到10 個職缺的工作說明**。

把這些關鍵字整理在 word 裡，之後去面試前，也可以再次複習該公司的工作內容，以免投遞太多間公司，忘記工作職掌。

在整理時，你也可以提前問問自己，這個工作列出來的知識和技能，你自己會做的大概有幾成？如果你七到八成都會做，基本上你才有機會面試啊！

此外，我自己常遇到學生問：「**如果我的年資不符公司要求，去投履歷到底有沒有勝算？**」

其實當然是可以啊！如果公司一直沒找到人，當然有可能會降低要求。當你開始看職缺的細節，你還可以同步照我上個章節所說的開始做功課，寫下你對那個公司的了解。

現在，請你利用下頁的表格，開始寫下你蒐集的職缺資訊，寫出一個虛擬的職位說明書（Target Job Deconstruction）。

職位說明書

頭銜 (Job Title)	1._____ 2._____ 3._____
知識和技能 (Knowledge and skills)	1._____ 2._____ 3._____ 4._____ 5._____
經驗要求 (Work Experience)	1._____ 2._____ 3._____
學歷要求 (Education)	1._____ 2._____ 3._____

當你蒐集完資訊，填好以上表格後，請先保存好。這在我們正式寫履歷時，會發揮很大的作用。

同時，我要你先問問自己以下八大問題，這些問題的答案，也同樣會幫你在日後寫履歷跟面試時做好準備。

回答八大問題時，利用以下的 CAR 法則，能引導你寫出具體成就，幫助你回想在過往經歷中，你出色的地方在哪裡？

- C：Challenge，請回想一個你在工作中面臨的挑戰，你是如何解決它的？
- A：Action，當時你採取了什麼行動？
- R：Result，你採取行動後的結果是什麼？你所帶給公司的附加價值在哪？

用 CAR 法則想出你的個人賣點！

1. 你曾經幫公司增加業績（sales）或提升產能（productivity）嗎？請列出百分比或金額	
2. 你曾經幫公司帶進新的客戶嗎？是的話，你是如何做到的？	
3. 你曾經幫公司省了多少錢？你是如何做到的？	
4. 你曾經幫公司設計或導入新的系統嗎？是的話，那結果如何？	
5. 你曾經在重要專案中做出什麼重大貢獻？當時低於預算（Budget）多少？你的角色是什麼？	
6. 你曾經建議公司提出新產品或新的業務上線嗎？你擔任的角色是領導（Lead）還是提供支持（provide support）？	

7. 公司如何從你的績效中得到助益（Benefit）？	
8. 你曾經負責不是你份內的工作嗎？為何主管多指派你負責新的工作職責？	

🗨 中文履歷撰寫要點及常見錯誤

花了很多時間，引導你做了這麼多練習，只想讓你知道一件事：**寫履歷請從雇主眼光出發！**

履歷真的只需要寫三件事，那就是**如何賺錢、省錢、省時間！**你必須知道自己的履歷在賣什麼，也要知道雇主要的是什麼。

如果是應徵的是業務跟行銷，基本上履歷就要從「賺錢」出發；幕僚類型，就要從「節流」的角度撰寫。

很多人寫履歷都忘了，公司不會只在意賺錢、忘記省錢的重要性。不要覺得後勤單位沒有績效可寫，我身邊的財務跟人資主管，幾乎都是省錢魔人。

現在，我要跟你分享一個完整的中文履歷需要包含哪些要素？請你在撰寫時一一核對，並進行排版。

◆ 連絡方式

基本上要寫在最上方，一般應包含地址、手機、應徵職位頭銜、電子郵箱、生日、正式的大頭照。新鮮人請把年紀寫在最明顯的地方。

小提醒：地址不用全寫，寫到什麼路就好，這是最多人會漏掉的地方。

◆ 教育背景

請先寫最高學歷再寫到大學學歷即可，並請備註學校地點跟就讀時間，以及獲得的學位。如果肄業，請事先準備好理由。

新鮮人找第一份工作時，建議先寫學歷接著寫實習經驗。尤其當你是畢業於名校，或是專業跟應徵職位相關時，更必須強調、放在顯眼之處。

◆ 工作經驗

請寫公司名稱、在職期間、工作地點、職稱、工作成就三到五點即可。資深工作者請先寫工作經驗再寫教育背景，因為成就才是你履歷的核心。

◆ 語言能力跟證照

最好附上考過的語言檢定，還有語言精通的程度。有些職業需要特定證照，請一定要附上。

說完什麼東西該寫，接下來，要跟大家說一般人常犯的履歷錯誤。

大家通常寫得不好的是工作經驗中的細項。有些人很明顯沒有寫到三點，另外，履歷其實是你求職的行銷誘餌，很多人卻只有描述工作內容，顯得空泛不吸引人，甚至沒有用數據來說明過往績效（Performance）和成就（Achievement）。

我來提供大家幾個吸睛的寫法，你在寫履歷時可以直接挪用。

如果你是新鮮人，可以寫哪一堂課成績是前幾名。以我為例，我大學時曾上過一堂課英文課，成績是全班第一名，以此證明英文能力是聽說讀寫都有一定的水準；如果你成績很好，可以寫出你 GPA 多少，或得過什麼獎項；社團經驗豐富，可以寫擔任幹部期間，辦了多少場活動，成效如何。

以我為例，我大學得過教育部青年發展署國際志工組徵文比賽第三名，用來證明我有 CSR 的參與經驗。我相信你在學的你，一定也會有一些學生時代的豐功偉業，請你好好的行銷自己。

　　如果你是在職人士，我就不建議你寫太多學生時代的東西。

　　你應該回首過往經驗中，帶給公司的效益在哪裡？ 如果曾帶領什麼大專案，做出重大貢獻，你非寫不可，這些才是你的價值所在。

　　如果是我，我會寫我減少多少雇主成本、離職比率控制在多少；如果是財務，可以寫幫公司減少多少損失；行銷跟業務可以寫幫公司增加多少營收？提升多少品牌知名度？

　　更聰明的作法，**是在定期績效考評時，就一邊更新自己的戰績在履歷上。** 例如行銷就很常統計 ROI 或 ROAS，如果你在職沒記錄下來，離開公司後，很多東西你都會忘記。

　　當你寫得差不多了，請你再次檢查：有無錯別字？

應徵項目有沒有寫清楚？與應徵職位相關的優點是否被強調？可以的話，最好再請前輩幫你看過，給一些意見。

接著，我要來談談自傳的寫法，這是應徵一般台商公司的必備附件。

🗨 善用四大段落，說一個漂亮好故事

自傳是用來補充說明履歷的細節，**一般我會建議分成四段，全部字數建議在 1200 到 1500 字即可。**

◆ 起：破題，用價值觀拉進與企業的距離
前面我建議過你先去搜尋一下應徵公司的價值觀，此時就能派上用場！

公司只會錄用跟自己價值觀相同的求職者，將相關內容放在這裡，強調公司跟自己的價值觀非常接近，可以提高你的履歷勝率！

除了價值觀外，你還要點明你要應徵公司哪個職位，簡單自我介紹自己為何有強烈的動機，以及覺得自己為什麼適合這個工作。

切忌講太多家庭背景或是跟應徵職位無關的廢話，人資真的沒興趣看。

我們只在意一件事：把你找進去公司，你能夠立刻有貢獻、有產值嗎？你的自傳都要環繞這個問題做回答。

◆承：接續，專業背景加持，我是你要的人選
請開始回顧你過往所學、產業經驗跟應徵職位有什麼連結。

如果你是應徵同產業的職缺，請說明自己的優勢在於過去的實戰經驗中，已懂得產業的運作，甚至有過去的客戶能直接貢獻公司。

很多公司都只會挖角同業，因此這麼寫可以吸引用人主管的目光。

如果你是應屆畢業生或跨領域，你可以寫過去的專業背景跟所學，有什麼可轉移技能（transferable skills）能夠用在公司呢？

比如當年剛畢業的我有中英文簡報的能力、研究能力等，我能夠用這些可轉移技能說服主管錄用我。

請回去看前面所寫的虛擬的職位說明書（Target Job

Deconstruction，P077），你一定統計了很多公司共同所需要的技能，這時候你就可以置入自傳段落中，日後人資再用這些關鍵字篩選時，你的排名就會在前面。

◆轉：掛勾，用過往經驗，說明人格特質適合工作

談談你的人格特質跟過往績效，告訴面試官你為何適合這份工作。

外商公司特別看重人格特質，因此你必須投其所好，展現出應徵職位所需要的人格特質。如果你在業界有點名氣，更可以寫你在哪個有公信力的單位擔任幹部，展現你的影響力和人脈力。

過往績效更需要把前面八大問題（P078）的回答濃縮在這邊，說一個漂亮的故事。

如果你剛畢業，請寫實習經驗、社團經驗你學到什麼，讓面試官知道你不是宅男宅女，能夠輕易融入職場。

◆合：彙整，說明職涯期望與企圖心

聚焦在生涯規畫，說說你自己加入公司的期許是什麼？最好跟你的人生規畫一致。

請再次簡單扼要行銷自己能解決什麼問題、在過去

的工作經驗中培養了什麼樣的態度，**讓面試官知道你想長期待在公司貢獻所長，而不是來過水的。**

　　只要把握這些大方向進行撰寫，相信要爭取到一個面試機會，絕對不難！

2. 外商英文履歷怎麼寫？
八大步驟一次搞定

前面搞定了中文履歷跟自傳，我會跟你說工作半年後一定要寫英文履歷。不管你英文好不好，想去應徵外商職缺，你都必須有英文履歷！

台灣人大多數的問題，都是英文寫作不夠道地，所以最快的方法就是直接去模仿常見的寫法，再直接套用在自己的履歷上。

中文履歷需要從你的工作經驗中，讓人資知道你有什麼能力可以勝任這份工作；英文履歷撰寫的大原則則是開門見山，直接把工作累積的能力展現出來！

首先，我們先來談談一般常見的英文履歷，需要包含什麼要素？每個要點需要寫的東西是什麼？請一邊跟著

我練習寫在下頁表格中，最後進行排版，就是一份可以直接使用的英文履歷。

英文履歷最上方一樣要有連絡方式，這邊不再冗述，唯獨要注意的是**手機號碼，我會建議加上國碼。**有些外商公司招募人員不見得會掛在台灣，多留意這樣的小細節，可以多減少一分失敗的機率。

進入內文撰寫後，我會要你根據是新鮮人還是非新鮮人選擇合適的練習表格，開始排版。

我自己傾向西方觀點，認為**出社會後不要再寫 Objective，因為老外會覺得這種寫法比較老派，只是大多數的台灣人不知道而已。**

如果你剛畢業，沒有太正式的工作經驗、無法先寫出績效，就不要自曝其短，還是好好寫上 Objective 吧。

只要簡單點名你想應徵什麼職位、有什麼專業技能跟學位能勝任工作就行。

新鮮人的英文履歷寫法

新鮮人撰寫順序	寫作要點
1.Objective	請寫出職涯目標是什麼,點出過往學經歷、具備什麼技能、以及在找什麼職位。
2.Strengths	優勢的部分請寫三點,再加一句話簡單說明。
3.Education	寫出獲得的學位以及在學期間,先寫最高學歷。
4.Work Experience	以實習經驗為主,至少寫三到五點你學到什麼。
5.Skills	請寫出你有什麼 hard skills。
6.Language	說明語言程度的精熟度,附上考試成績。
7.Activities	簡單提及社團經驗,以及擔任的角色,盡可能以數據呈現辦了多少活動、公益活動時數多少。

如果你已經是業界資深工作者,可改用 Performance Summary、Performance Profile,這會讓你的開頭更吸睛。

接下來我會在表格,跟大家深入說明每一項你應該寫些什麼。實際的撰寫可以根據你自身的工作性質做調整或刪減,例如 Performance Summary 可以寫 Summary,最重要的是要把工作成就寫出來。

另外，**工作五年後，公司就不太在意你的學歷了，因此可以把學歷的部分放在工作經驗的後面。**

資深工作人的英文履歷寫法

非新鮮人撰寫順序	寫作要點
1.Performance Summary	亮出你過往的產業經驗、擅長領域、價值所在。
2.Core competencies	建議寫出至少五項核心職能。
3.Professional Experience	著重工作成就和績效，一個工作至少三到五點，多寫數據以及達成績效的方法。
4.Education	寫下獲得的學位以及在學期間，先寫最高學歷。
5.Professional Affiliation	如果你有加入具備公信力的社團擔任幹部，請寫出你所隸屬的組織及職位。
6.Reference	可寫上需要推薦人，會附上徵信調查名單。

接下來，要跟大家談談一般人時常犯的錯，那就是**撰寫英文履歷的工作經驗，其實要用強動詞（Active Verb）開頭。**

已經離職的經驗必須要用過去式，還要用主動語

態、別用被動語態,這代表你主宰了自己的職涯發展,這一點小細節,會讓你的履歷更強而有力。

以下表格我整理了一些常見的強動詞集,希望大家背起來用在自己的履歷上:

- **財會**:audited、analysed、reconciled
- **行銷業務**:accomplished、achieved、contributed、generated
- **人資**:recruited、saved、conducted、trained
- **主管職**:managed、founded、supervised
- **工程師**:monitored、launched、upgraded

每個動詞都有搭配的工作內容,最快的方法就是直接學習老外接地氣的寫法。

動詞與工作內容的搭配

accomplished	budgeted	coordinated	evaluated	identified
achieved	calculated	conducted	expanded	innovated
administered	coached	edited	forecasted	initiated
assisted	compiled	educated	generated	instructed
audited	computed	engineered	founded	launched
analysed	contributed	established	guided	managed
monitored	organised	performed	promoted	published
reconciled	recruited	recorded	reduced	researched
restructured	saved	supervised	trained	upgraded

當你學會了強動詞開頭，我再提供幾個各領域的工作成就寫法：

工作成就寫法

Accounting and Finance	• Identified long standing duplicate payment that resulted in vendor refund of $80,000. • Consolidated vendor accounts, increasing productivity and reducing the number of checks processed. • Gained reputation for thoroughness and promptness in meeting all payment deadlines.

Human Resource	• Saved $100,000 employer cost and streamlined efficiency through selecting cost saving vendors, restructuring the back-office functions, and relocating offices. • Developed HR procedures and shortened the learning curve for new hires in probation period. • Reduced employee turnover rate by 10% within one year.
Marketing and Sales	• Exceeded quota by over 100% three out of four years. • Grew market share by 30% by introducing new incentive plan. • Increased indirect sales channels by 80%.
IT and Tech	• Increased client leads by 20% through development and implementation of lead registration system. • Reduced helpdesk calls by conducting on the job training and knowledge database. • Mentored IT team members on technical procedures and shortened the learning curve.

常見的中英文履歷範本和句型，從模仿讓自己越寫越好

現在我要來跟你分享幾個不同領域的的中英文履歷範本以及求職信，請你依樣畫葫蘆，用類似的句構撰寫，吸引面試官的注意。

你會發現以下範本都是用動詞開頭，基本資料完整，並凸顯個人的賣點。

英文履歷範本一

Name
523 Section1, xxxx Road   H: 02-XXXX-XX
Taipei 12345 , Taiwan XXXXX@hotmail.com   C: 09XX-XXX-XXX

Objective

Searching for a full-time Freshman& Sophomore English position at your university where my skills in teaching and writing and my proven ability to establish individual student goals across the curriculum will be my value.

Profile

• Solid teaching experience and background in the General English.
  Proficiency Test (GEPT) in Taiwan.

• Highly-proficient English language communication skills.

• Excellence academic performance in Graduate Institute of Education.

Work Experience

• **GEPT Instructor, National xxxx High School, Taoyuan**

09/07-Present

- Sharpened teaching skills in the GEPT tests.

- Advanced teaching skills in the GEPT tests of reading, listening, writing, and speaking sections at fundamental and intermediate levels.

- Easily established rapport with students, and interfaced well with school-wide faculty members.

• **GEPT Instructor, Nantou County xxxx Bureau**

08/07-10/07

- Developed teaching skills in the GEPT tests.

- Used various reading assessments to set reading goals, develop lessons with appropriate reading strategies to support students' literacy growth and track progress throughout the year.

- Created and taught lessons using rich text aligned with thematic units.

• **English Instructor, xxxx Junior High School, Taipei**

09/05-01/07

- Developed teaching skills in English instructionfor high-school students.

- Sharpened teaching skills in the GEPT tests.

- Assisted grade-level teachers with diversified clerical support in areas of document proofreading, duplication, collating and distribution, classroom management, student monitoring, and miscellaneous assignments.

Education

• **Master of Education**

   xxx University, Taipei,   2009-2012

   Average Grade: xx / 100

Publication

• **xxxxxxxxxxxxxxxxxxxxxxxxxxxxxxxxxxxxxxxxxxxxxxxxxxxxxxx (APA Format)**

Skills

• Fluent in English communication and writing.

• Proficient in Microsoft Word, Excel, and PowerPoint.

英文求職信範本二

October 3, 2021

Mr. xx xx

Human Resource Manager

XXX Electronics

77 XYZ Road

Taipei , Taiwan 12345

Dear Mr. xx :

This letter is in response to the job advertisement for a XXX assistant on 1111 Job Bank, and I am enthusiastic about this position. I have attached my CV for your review.

Having graduated with a degree in OOO , I am pretty sure I'm exactly who you're looking for.

As you will see on my CV,I worked part-time at ABC Company helping develop marketing plans for their new products. The invaluable experience I gained will definitely help me in the position of XXX assistant.

If given the chance, I can excel in this position and prove to be an excellent employee. Since the opening is right in line with what I have done on the job part-time, I am confident I can make a similar contribution at XXX Electronics.

I would love to meet with you in person to talk about my background and the position in more details.

Sincerely,

Name

XXXXX@hotmail.com

123 CC Street,

Taipei, ND 12345

Cell: 09XX-XXX-XXX

Attachment: CV as Name.doc

英文履歷三

XX XXX

Address: 19, XXX Street, Lane 380, XXX Community, Taipei.

Mobile phone: +886 xxxxxxx E-mail: xxxxxxx@hotmail.com

Summary

Outgoing and performance-driven Headhunter with a comprehensive background and proven track record of client satisfaction in finding and recruiting top talent for FMCG-Fast Moving Consumer Goods, interviewing job candidates, and assessing resumes and cover letters. Offers a highly professional attitude, great communication skills, excellent time management skills, and significant ability to work under pressure.

Strengths

• Leader of the Consumer Goods Team, managing 6 subordinates.

• 2018 top sales in Taiwan office, over target by 30%.

• Responsible for new business development; within first half year successfully signed over 30 new contracts.

Professional Experience

XXXX Recruitment, Taipei, Taiwan
Senior Associate, Team Leader of Consumer Goods
Jan 2011 – Present

• In a nine month period brought in over 120 roles for myself, my team and several other colleagues around the region.

• 360 degree execution of searches, mostly focused on senior level sales, marketing and operations.

- Long term strategy planning with other team leaders and the Taipei office Managing Director.

- Training and client delegation within my team. Purview includes Greater China and SouthEast Asia.

- Act as the Taiwan Marketing Manager, arranging client events and social media content and strategy, created five unique videos for content marketing.

- Successfully placed several senior level roles in the Greater China region from mid-management to C-Level.

- My KPI is consistently the highest in the company, often by a very large margin (double or triple other colleagues) .

XXXX Company, Edinburgh, Scotland
Sales and Operations Manager   **Oct 2008 – Dec 2010**

- Managed vendors and coordinated sales for the magazine, successfully securing additional responsibilities within just a month of appointment in recognition of competence and valuable contributions to the organization.

- Received personal recognition through the achievement of a 30% increase in sales compared with the same period of the previous year.

- Did the accounting and P&L management for the East of Scotland.

- Recruited vendors from around the city, increased the number of regular vendors from 60 up to 150.

YYYY Company, London, England
Digital Marketing Assistant   **May 2005 – Sept 2008**

- Delivered comprehensive support to the head of digital marketing and promotions, providing a range of administrative and execution support for the promotion of some of the world's most renowned musicians and bands.

- Helped execute social media strategy and website revamping. Participated in the creation and execution of various online campaigns.

- For three years assisted bands with tour promotion in Scotland.

Education

The University of XXXXXXXXX   Location, UK

Master Degree 2004-2008 , 2:1

International Relations and Modern History, joint honours

Additional Information

Languages: English (Native), Mandarin Chinese (professional working level)

Computer Skills: Windows; Microsoft Office; LinkedIn expert; Touch typing ability

中文履歷範本一

大頭照

個人簡歷

我是○○○，民國○○年出生，上一份工作在○○股份有限公司擔任專業醫藥代表。半年月平均業績為超越完成公司目標△△％，且在區域醫院有重新進藥經驗。

再上一份工作在○○股份有限公司擔任業務副主任，帶領○○人團隊共同達成業績目標，主要區域為○○○區的診所、藥局、動物醫院的藥品銷售。

當兵時則是○○○區隊長管理役男，大學為○○大學營養學系畢業，擁有營養、長照的背景。

學歷

○○大學營養學系學士畢業（填寫時間，XXX 年 XX 月 -XXX 年 XX 月）

經歷

○○有限公司擔任醫院組醫藥代表（XXX 年 XX 月 -XXX 年 XX 月）

• 服務的客戶有○○醫院的△△科；○○醫院的△△科、△△科；
  ○○醫院的△△內科、△△科等。

- 維持舊有客戶關係與經常性拜訪、拓展全新客戶與介紹藥品、了解醫院狀況與回報公司、長時期拜訪夜診以加深客戶印象。

○○股份有限公司擔任專業醫藥代表（XXX 年 XX 月 -XXX 年 XX 月）

- 重新進藥○○醫院○○藥品，並開始採購。

- 三個月後，獨立完成○○人參與之戒菸研討會。

- 半年平均月業績為△△ %，超越公司設定的△△ % 目標。

- 服務地區為○○市各診所、地區醫院與分院。

- 半年獨立簽訂○○間新合約客戶，相較去年整年新增○○成合約客戶。

○○股份有限公司擔任業務代表（XXX 年 XX 月 -XXX 年 XX 月）

- 進入公司一年開發超過○○間以上新客戶，與原始客戶數相比成長超過△△ %。

- 個人年業績成長△△ %，為○○地區最高。

- 個人業績銷售成長率為全公司季成長季軍。

- 服務地區為○○地區各診所、動物醫院、藥局。

○○有限公司擔任業務副主任（XXX 年 XX 月 -XXX 年 XX 月）

- △△個月內帶領△△位同事做新客戶入各大台中市連鎖藥局。

- 第△△季開發△△間新客戶為全國第一。

- 服務地區為○○地區各診所、動物醫院、藥局。

證照

- 多益○○分

- ○○○○初級工程師能力鑑定合格

- 自備汽機車

中文求職信範本二

○○廠長您好：

我叫○○○，目前在○○汽車擔任引擎組技術員約△△年，最高學歷為○○大學車輛工程系，並具有汽修相關證照及證書如下：

汽車技工
乙丙級汽車修護
經濟部初級電動車機電整合工程師

近日從○○中心得知貴公司服務廠有相關職缺，自感條件吻合，特此應徵。

1. 以客為尊的服務精神：

在○○公司的這段期間，我總是保持對車輛維修的初衷及熱忱。
這個態度除了讓我獲得車主的信任，也得到廠長以及銷售業務的肯定，放心將車輛交由我負責，並在△△年獲得○○公司表揚為服務廠優秀人員。

2. 自主學習電動車相關的產業知識：

除了參加公司所安排的教育訓練課程外，由於○○議題與有限的石化能源，我認為電動車勢必會成為未來的交通工具之一，所以也利用下班時間及假日去進修汽車電路學以及電動車相關課程，準備好因應往後需具備的理論基礎。

3. 具備一定的專業英文能力：

多益是應徵外商公司的必須項目之一，所以我已在△△年△△月考取多益△△分，做好往後的應徵準備。

汽車本身的專業英文，有些也許字面上的意思與原本英文單字並不相同，但我有一定基礎的英文閱讀能力，能夠幫助我了解修護手冊中的敘述內容。

選擇貴公司，是因為貴公司在台灣經營超過△△年，且是在台灣500大服務業評比中，名列前100大服務業公司。

貴公司更曾獲選為新世代最嚮往的百大企業之一，令我十分敬佩，期盼能成為其中一員，希望有面試的機會，讓您能夠更加了解我。

聯絡方式：
E-mail:xxxx@gmail.com
手機：09xx-xxx-xxx

敬祝商祺
應徵人
○○○敬上

中文自傳範本三

我是○○○，目前△△歲，畢業於○○大學營養學系畢業。

上一份工作在○○股份有限公司擔任專業醫藥代表，半年月平均業績為 108%，超越完成公司目標，且在△△醫院重新進藥成功 A 藥品並開始採購，並在半年獨立簽訂 8 間新合約客戶，相較去年整年新增 4 成合約客戶。

服務的客戶有××醫院的麻醉科、小兒科、神經內科；△△醫院的胸內、大腸直腸外科；○○醫院的神經內科、血液腫瘤科等，業績達成率兩季分別為 76% 與 83%，當時因為公司內部人員改組而離開公司。

再更之前在△△股份有限公司擔任業務副主任，主責為帶領 5 位同事共同達成業績目標，○○市全區的診所、藥局、動物醫院的藥品銷售。

擔任主管半年時間，我在前 4 個月內帶領同事做進新客戶入各大○○市連鎖藥局，增進實質業績約 5%，且上季開發 30 間新客戶，為全國第二名，目前對於領導統御、商業談判、以及專業知識上皆穩定成長中。

當上業務副主任以前，我擔任××股份有限公司的診所業務代表，主要負責○○市診所、藥局、動物醫院的藥品銷售及收款。

在業績方面，我的業績較去年整年成長了 7%，並獲得全公司第二季與第三季的銷售成長率季軍，同時以每個月平均 7～8 間新客戶的速度開拓了超過 100 間的新客戶。

除了在個人業績上追求卓越外，在同事相處方面，我也會時常積極幫忙同事，以求團隊合作，創造整區價值的最大化。

對於上司交辦任務亦是不辭餘力,凡是主管要求的業績目標必定盡力達到,我也相信這些累積的經驗,終將成為自我成長的養分,為我創造更美好的人生。

常見履歷十大錯誤

最後，我要提醒大家常見的履歷錯誤，請你送出前再次檢查。

永遠記得，你的履歷就是你求職的門面，容不下犯錯的機會。

1. 格式排版沒有綱舉目張，基本資料不完整。
2. 履歷中沒有強調跟應徵職位相關的優點和經歷。
3. 只有描述工作內容，沒有用數據寫出自己的成就。
4. 沒有針對不同職缺投遞客製化的履歷，用公版投遍所有職位和公司。
5. 中英文履歷太過冗長，最多不要超過兩頁。
6. 放自拍照或生活照在履歷中，應該放最新拍攝的大頭照。
7. 工作職掌中沒有列點，或少於三點、不成文。
8. 中文履歷中有標點文法錯誤或錯別字，英文履歷寫得太台式英文。
9. 沒寫出應徵職位，看不出要應徵哪個部門職缺。
10. 英文履歷應該用動詞開頭。離職的工作經驗要用過去式。

上述十大錯誤中，**台灣人最常犯的是英文履歷寫得太台式英文，還有離職的工作經驗沒有用英文過去式開頭，這些小細節都會被人資發現你的英文程度不好。**

　　台灣人大多勤奮且努力工作，這是我們最大的競爭優勢，但是英文真的是太多台灣求職者的致命傷，連我的香港同事跟外國朋友都跟我說很多台灣人英文不好，卻想去一些知名外商工作。

　　前面的英文履歷範本是我大學英文老師和外國獵人頭提供給我的範本，我再針對內文做調整跟補充說明。

　　台灣人寫英文履歷，用字遣詞常常不夠「接地氣」，希望藉由本章節提供常見的模板跟句型，讓你可以直接套用。

　　好的履歷我當然也看過，有個政大會計系的女生讓我十分深刻。她的履歷不僅排版精美，還附上了精心製作的作品集。

　　果不其然，她很快就錄取了一家上市上櫃的大公司，可見有質感的履歷，才能讓你脫穎而出！

3. 人力銀行投遞技巧，把握 100：10：1 原則

當你完成了履歷撰寫，我相信你一定會去各大人力銀行試試水溫。**如果你有人脈更好，可以更加快求職速度。**

先來談你要用人力銀行前要注意的小細節，你必須一個產業投遞 100 間。

你沒有聽錯，當時教我求職的台大學長跟我說投太少，石沉大海也只是剛好。

招募跟行銷一樣都是漏斗，你前面投的量不夠多，篩下來根本沒東西，學長當時跟我說，投遞 100 間，會找你面試的大概 10 間，最後錄取的大概 1 間。

跟大家說為何真相如此好了。**人力銀行乍看之下有很多職缺掛在上面，但這些職缺可能已經找到人了，只是**

沒有立刻關掉。

　　一般企業買人力銀行基本上都是買一年期為主，所以有些人資可能不會立刻關閉職缺。

　　再跟大家說個秘密，如果你在人力銀行投遞獵才公司協助招募的職缺，企業主其實點開一個職缺會比一般公司行號來得貴，因為獵才公司跟人力銀行是競爭對手，所以他們也不見得都會全部點開。

　　如果你是稍有經驗的工作者，我有一個小小的提醒，就是**千萬記得封鎖自己現在的公司**，不然你打開履歷，是會被你們公司負責招聘的同仁發現的。

　　我還在前公司任職時，有人力銀行權限的同仁打開後台管理的介面，跑來跟我說，他能夠看到所有任職過我們公司的同仁履歷，只要你更新履歷，你的公司都會跳出通知的。

　　在人力銀行求職，比起跟獵人頭合作沒有隱私，被公司發現騎驢找馬，對你的觀感也不好。

　　時常有負責後台的學姊跟我說，她看到哪個熟人、哪個同業在找工作，我甚至還有學生被同業告狀，他的主管竟然跑來警告他，直接說不要在那邊偷看外面的機會。所

以建議你可以看職缺，但要盡量找熟人幫你送履歷給人資。

同時，我也建議你同步去公司官網投遞職缺。一方面是有些公司從官網投遞審核，會審核得比較快；一方面是許多公司可能有前面說的，在人力銀行上沒有即時更新職缺的問題；再加上在人力銀行上點開你的履歷，公司是要付出費用的，所以也有些公司不會在人力銀行上開設徵才等。

我個人的經驗上來說，也是去官網投履歷會比較快被約面試，建議大家不要嫌麻煩，多投履歷，就有多一點機會！

💬 人力銀行履歷怎麼寫？ 置入職能關鍵字增加曝光

現在我要來教你人力銀行的履歷怎麼寫，才能在搜尋排行排得比較前面。我們還是先置入職能關鍵字於自傳和履歷中，不論任何平台的遊戲規則，都還是回歸 Keywords！這也是為何我在前面一直要你去看職缺的工作說明，此時，我們又可以再次利用。

你的關鍵字只要跟企業端的職缺寫得幾乎一樣，最

後再補上一些工作績效，善用動詞加上名詞，再補上達成的績效指標，你的工作職掌就可以寫到人資們紛紛打開履歷約談你了！

我有一個學生是麵包師父，原本的履歷寫得慘不忍睹，經過我的修改之後，沒多久就立刻拿到一個知名大飯店的面試機會。

◆ 原本的工作說明

1. 製作麵包
2. 烤麵包
3. 打蛋糕

◆ 修改後

1. 製作明星商品可頌麵包，每日可生產 250 個，銷量每日可達 100%。
2. 嚴格遵守產品的生產流程，可每日製作出 100% 符合公司規格的丹麥麵包。
3. 嚴格控管產品的品質及食材浪費，丹麥麵包可達每日瑕疵品 0%。

履歷的呈現方式重不重要？**同樣的事，你用類似的手法補充完整，絕對比你說你會做什麼來的吸引人多了。**

人力銀行還會需要附上作品集、推薦人、照片等。我身為人資，最常發現的問題，是把自拍照、旅遊照等照片用來求職。

你的照片應該放上中規中矩的大頭照。如果使用的照片太舊，我建議直接去專業的相館重新拍攝。現在有很多韓系的照相館，能幫你從化妝到修圖一次搞定，非常方便。

另外，有些職位像是設計師、行銷、導遊，我會建議你應該放上一些自己的作品，更有公信力；也要把你得過什麼獎寫上去讓雇主知道。

最後，一定要寫上推薦人。我教過一個即將畢業的大四生，我叫她畢業前先請學校老師寫推薦信，在人力銀行上寫「母校老師是我的推薦人」。如果你即將畢業，這些東西都能讓你在關鍵時刻發揮作用。

4. LinkedIn 簡歷寫要點，挖角加薪不是夢

　　搞定了中英文履歷，準備要開始積極求職，請更新你的英文履歷在 LinkedIn 上。

　　如果你已經工作大約兩到三年，用對技巧拓展好友人數、知道平台演算法的潛規則，被挖角都不困難。畢竟 LinkedIn 上的獵人頭滿坑滿谷，一定會主動加你好友或寄信給你。

　　我時常被問一個問題，LinkedIn 這邊應該寫中文還是英文？**我的建議是工作半年後寫英文比較妥當，寫中文履歷的人都會被我懷疑英文不好。**

　　另外，如果你不熟悉平台各區塊怎麼寫，以下是我整理的經營大方向，跟著一步一步填寫就可以完成簡歷。

◆ 1. 照片

必須看鏡頭、穿著適宜，建議直接去拍職業形象照。

◆ 2. 標題

可以用公司頭銜再加上一個給自己的工作定位。

◆ 3. 作品集

如果你有 Blog、YouTube、Website ，都可以放上去。

◆ 4. 簡介

強調過去解決問題的能力。

◆ 5. 工作經驗

簡單講工作職責。

◆ 6. 推薦人

主動向人脈索取。

◆ 7. 連絡方式

一定要寫信箱，手機號碼也可放上。

◆ 8. 技能

若有人脈背書更好。

LinkedIn 撰寫的大原則，就是基本資料一定要完整，也要有一定的人脈數量才能發揮綜效。如果你是新手，我會建議你想辦法加到 500 人。

有學生問我怎麼都沒人介紹工作時，我發現通常是因為好友人數低於 100 人，當然不會有太多人介紹工作。

我有個朋友是財務長，他跟我說他的好友數非常多，所以當他 PO 文幫自己團隊找成員時，都有人主動投遞職缺，還有獵人頭從他的好友名單中挖人。

我有個前同事是多家消費性產業的經理，他的 LinkedIn 也寫得很好，先在 Title 就寫上 Professional marketer of consumer electronics，定位非常明確，直接點出產業、職能，所以他經常被一些知名外商挖角。

工作經驗的部分，前同事也都寫得蠻清楚的，列點說明他過去負責過的專案以及產品。

如果你不會寫 LinkedIn 的內文，有一個最快的方法，就是**去參考強者的 profile，截取人家的寫法改成自己的。**我的前同事也說，他也是參考相同領域的 profile 進行撰

寫的喔！

　　如果你英文不好，可以直接去參考香港大學 MBA 還有哈佛大學 MBA 的簡歷，這些名校的會員都寫得非常好，可以看看別人的寫法，加以模仿！

　　額外分享一個在 LinkedIn 很活躍的案例，我的外國朋友 Alan 在台灣是做獵人頭，他都會時常 PO 文分享他手上的職缺，還將自身工作經驗的文章放在最上面精選的地方，他說他是故意這麼做的，因為人脈對他很重要。

　　我覺得 Alan 做得很好的一點，是我當初加他好友、請教一些事情，他還會跟你約好時間、主動打給你，不會斷了聯繫。

　　在 LinkedIn 上，**其實大家都忽略了互動的重要性。**你甚至可以主動寄信去詢問職缺。重點在於不要單向等人找你，找到好工作的關鍵，在於主動出擊！你越資淺，你就要越主動！

　　至於要如何找到心儀工作，這個跟寫履歷表一樣，有點像是鋪哏、吸引別人來挖角你，**此時置入職能關鍵字的重要性就出來了。**

如果你今天想找一個財務經理（Finance Manager）的工作，你必須在 Title、Summary 欄位中，不斷置入財務經理（Finance Manager）這個關鍵字。

這樣當招募人員想找適合的人選時，你被篩選出來、排名結果就會排在越前面，這是系統設定造就的結果。

求職一定要有推薦人、推薦信

最後跟大家說，LinkedIn 可以徵求好友寫推薦。主動請主管、老闆、客戶、同學都好，幫你背書你的技能以及工作表現。**如果完全沒有推薦人，我很快就能看出這個人是個 LinkedIn 新手。**

我很鼓勵大家主動先幫朋友寫推薦。人跟人之間講究禮尚往來，最不尷尬的方式，就是先幫別人寫推薦，再問人家願不願意幫自己。在網路的世界裡，真誠互動才能幫助你打開希望之門。

我自己在 LinkedIn 也意外認識不少人。有我主動出擊認識來的，也有主動來詢問我公司內部職缺的。

LinkedIn 其實是一個推銷自己的絕佳平台，也能讓自

己在台灣以外的地方被看見。你如果想要找國外的工作，這個平台也能應徵國外的職缺。

建議大家即使現階段沒有要換工作，也可以關注公司國內外同事，看看他們的工作經歷和貼文，瀏覽公司最新的動態等。

若你想要更積極引人注意，可以時常 PO 文，只要頻率夠高，久了就能獲得更多人脈關注。

隨時與 LinkedIn 上的人脈打交道，有益無害，最後來跟大家聊聊在 LinkedIn 如果要跟獵人頭打交道，你必須如何判斷顧問的專業度。

有非常多學生跟我抱怨過，這年頭的獵才顧問良莠不齊。我跟大家說，專業的顧問是不會直接丟工作說明書（JD）要你自己看的，但這樣的獵才顧問，我相信大家應該在 LinkedIn 上遇過很多吧！

我遇過還不錯，會介紹給學生或朋友合作的顧問，覺得你真的是合適人選的顧問，實際上是會打電話約你出來面談的，絕不會亂槍打鳥！

建議你可以多合作幾個顧問，看看誰比較能給你實際的幫助。

綜合以上這麼多求職管道和履歷撰寫的秘訣，提供

大家找工作的優先順序還是人脈先於獵人頭，最後才是自己投。

　　當你用對方法寫完履歷進行投遞後，我相信你已經得到了一些面試機會，準備上戰場了！

　　接著下一個章節，我會告訴你如何應對各種常見的面試形態，一一破解面試官在問什麼，幫助你投其所好、贏得 Offer ！

重點整理

1. 詳讀想應徵的工作內容說明,找出職能關鍵字,寫入你的虛擬職位說明書中。

2. 利用 CAR 法則回答八大問題,讓你更了解自己的「賣點」在哪裡!

3. 中文履歷請添加職能關鍵字,增加曝光率;善用四大段落寫自傳,用來補充說明履歷的細節。

4. 英文履歷使用強動詞,能讓你的履歷更強而有力。

5. 寫好履歷後,再次確認有沒有犯下常見的十大錯誤?(見 P109)

6. 求職若無人脈,使用人力銀行時,切記封鎖自己現在的公司,且建議同步去官網投履歷,審核速度會較快。

7. LinkedIn 的基本資料一定要完整,好友建議要加到 500 人以上,開拓你的人脈圈。

第 4 章

面試形態和難題解析，
助你脫穎而出

當你完成了致勝履歷，沒多久可能會接到面試機會。在面試前，你應做的功課，是在事前擬好常見問題答案，以及知道企業選人的遊戲規則。

　　面試時，我看過太多人講了不該講的話、自毀前程，或是不同面試的形態中不懂行銷自己。在這章節，我會跟你分享我身邊的強者是如何過五關斬六將，贏得自己的理想工作。

　　同時，面試的目的就是為了錄取，但如果失敗，事後幾乎沒有人資會跟你說為何不錄取你，你也很難知道企業的遊戲規則。

　　所以在這章節中，我要發揮我的所長，向你揭開那些企業不錄取你的祕密，讓你在面試中，雖未必是加分，但也要盡可能避免扣分！

1. 操控面試第一印象的秘密，製造驚喜

首先，我要來跟大家談談第一印象的重要性。

一個人對他人的印象，約有 7% 取決於你的言詞，38% 是表達的聲音和語調，**外在、表情跟動作占了比例最多的 55%**，這就是所謂的「麥拉賓法則」。

外在跟表情在決定你的第一印象中，其實占了非常大的比重，**因此穿著一定要得體，展現專業形象。**

想給別人留下良好印象，**最簡單又有效的武器就是笑容。**一位美姿美儀老師跟我說，有笑容的人是最討人喜歡的，我不得不否認，任誰看到很有親和力的人，都會內心先偷偷幫他加分。

聲音和語調上，我會建議你**講話應該大聲一點**，因為太小聲很容易讓人覺得你面試起來畏畏縮縮、沒有自

信。

　　這也是我的親身經歷。我在找實習工作時，面試我的主管說我講話比較大聲，整體上也給他自信的感覺，所以我就被錄取了！就只是這麼簡單的細節，就能增加被錄取機會，你不得不多加留心啊！

　　最後來談談那 7% 的言詞。雖然占比不多，但一般求職者很少給人驚豔的回答。

　　我會建議你先說結論、再說故事。

　　我曾經去一個政府單位協助模擬面試，遇到一個面試者，學經歷都很不錯，履歷也寫得很好，唯獨讓我受不了的就是講話太過冗長，手勢太多，讓我很難耐心聽完。

　　剛好面試到一個學長 Jay，他就是屬於開門見山型的，會先說自己過往的成就和專案，再搭配合適的肢體語言，可以看出他對自己說的內容很有自信，也就很快引起面試官的興趣，想要跟他多聊兩句。

　　其實學長自己就是資深人資主管，面試技巧自然精湛。我跟其他面試官故意嘗試問一些比較難的問題，例如經典問題：「你還有問題想問嗎？」學長的回答是我在模擬面試中最為驚喜的。

他說：「請問如果我進來後，有沒有什麼大型專案需要我優先處理的？我可以預先做準備！」

我從來沒遇過一個人選會假設他自己已經錄取，說他入職前會先做功課。身為面試官的我聽到這樣的回答，已經開始想像他加入公司後能帶來什麼傑出的表現，準備錄取他了！

一般求職者如果被問到一樣的問題，時常因為無法判讀人資是否對他感興趣，所以顯得有點手足無措。事實是，如果我們在面試 15 分鐘後就問你這個問題，代表我們對你沒興趣，要趕你走了！

很多人在面試時，容易聚焦在跟應徵職位無關的廢話。你應該要做的，**是在面試中「誘導」面試官主動提問。**

這該怎麼做？請在自我介紹時，先簡單介紹自己的來歷、工作經驗，還有對未來工作的簡單設想。最後的提問，也請你準備好像學長這類的超強反問問題，讓別人對你最後的表現刮目相看！

學長身為面試高手，還傳授我一個絕招：「如果你知道自己履歷的缺點，就先發制人，不要等到對方問。通

常會面試我的是老闆或總經理，他們不是專業面試者，你可以試著主導面試流程，讓面試朝向對你有利的方向進行。」

同樣的模擬面試，學長能讓三位面試官都對他讚不絕口，就是善用了先發制人的小心機，所以他也總是很快得到 Offer。

或許大家都致力於提高面試口語表達的能力，這當然很重要，但是你更應該注意自己的整體表現，不然你可能永遠沒辦法打動面試官。

善用 STAR 原則說故事，刻畫你的「英雄事蹟」

一般面試大多是所謂的「行為面談」，也就是從你過去的經驗中，推測出你未來的行為。因此無論你對這些問題的看法如何，這是讓你留給他人最佳印象的回答，絕對不可以讓面試官從中誘導出你消極的想法。

舉例而言，「離職原因」就是一個常見的行為面談題型。面試官之所以會問，就是想知道你有機會加入新公司，之後如果離職了，會如何對他們做出評價？

很多人會不小心講了前公司、前雇主的壞話，讓面試官找到理由把你趕走。但換個正面的手法去講，你大可以說：「我的確很喜歡前公司，也學到很多東西，但我對貴公司的未來發展趨勢也很有興趣，這是我非常欣賞且嚮往的，而且我有興趣在這樣的環境，把學到的技能施展出來。」

同樣都是回答離職原因，**有技巧的人就會把焦點放在積極正面的理由**。

行為面談雖然題型包山包海，但背後的邏輯從來沒有變過。

在面試的過程中，面試官只是在找出危險的訊號，把人選一關一關趕走，所以要注意，**不要在你的回答中參雜負面情緒和個人看法**。

有些事情如果真相不是太正面，例如離職原因是跟主管對事情的看法不同，就不宜把真實的理由一五一十地說出來。

面試從來就不是去交心的，籠統的說明比起說真話效果好！請把事情往最好的方面講，你的目的是推銷自己，幫自己贏得一份理想工作，沒必要向面試官透露自身

缺點。

我時常幫學生模擬面試，**發現很多人的回答過度唐突、不假修飾。**

針對這個大方向，我給大家一個準備面試的建議：請準備三到五個足以說明你在公司成就和貢獻的小故事，一個大約 3 到 5 分鐘。

人人都愛聽故事，請用故事說明你的英雄之旅。如果你只有單刀直入的說明，基本上面試官聽過就忘；但「英雄翻身」的故事，通常就能讓面試官對你印象深刻。

把握面試的 STAR 原則，把故事細分為四大段落，先寫下中英文講稿，這對你下個階段實際去面試有很大的幫助：

- Situation Use：當時的背景情境和任務。
- Task：是什麼造成當時的情況和任務。
- Action Taken：說明你採取了哪些行動。
- Result：最後的結果。

如果你是新鮮人，這可以是在校期間的成功故事。

現在厲害的學生也很多，不容小覷。如果你有豐富的社團經驗、公益服務、實習經驗還有競賽得獎，你也可以透過這些經驗，讓面試官對你眼睛為之一亮。

如果你已經有了工作經驗，可以回想自己在公司是否有推行什麼新方法，使生產力增加多少百分比？用什麼方法開發新客戶，幫公司增加營收？

蒐集你最棒的表現，彙整成積極且扼要的描述，把自己刻畫成英雄，其中一個故事一定要能展現你在面對老闆、同事或最後期限時，遇到困難和掙扎，但你最後都克服了難關。

🗨 「壓力面談」請你保持冷靜、按兵不動

面試官針對特殊工作性質的人選，會轉換為壓力面談，也就是指有意製造緊張的氛圍，以了解求職者的工作表現。

面試官會透過一連串生硬的問題，打破砂鍋問到底，借此了解你對壓力應對的能力。像是「你能接受加班嗎？」大多會出現在行銷、業務、工程師，甚至是任何責任制的工作面試場合，是標準的壓力面談再加上行為面談

的題型。

　　大多的問法是類似這樣：「行銷工作可能需要工作到凌晨，假日常需要加班，你願意嗎？」面試時不少人選回答得不知所云，或是讓面試官感受到你想打退堂鼓。

　　我有個朋友 Alice，她到某國內知名大廠應徵工程師，人資主管問她求職動機，Alice 回答：「因為貴公司的科技技術出名，我想來這裡學習、成長。」

　　人資主管反問：「但你未來可能被分派的部門，該主管是出了名的嚴格，早上不到 8 點就進公司，一直到晚上8、9 點才下班，你確定你能配合主管作息、接受這樣高壓的工作嗎？」Alice 頓時語塞。

　　這樣的案例在面談時，時有所聞。

　　一般人選被問到這類的問題，大多不知所措。**壓力面談的應對方向，就是要保持高 EQ、並舉出過去遇到的困難你是如何解決的。**

　　前面的行為面談，我建議用故事說明你的英雄之旅，壓力面談只是行為面談的延伸，你當然還是可以延用。

　　企業會採用壓力面談的原因，是因為面試官想讓你

知道工作實際情況，預測你加入公司後，應對這種高壓的情況，像是慣性加班、客戶刁難，是否還是可以保持一樣的工作熱忱。

這年頭流動率很高，所以除了以往企業所強調的「穩定度」，用人主管還會看「工作熱忱」。

若一個人對工作熱忱夠強，自然而然會樂在工作、享受挑戰和困難。

回到前面的加班問題，有些應徵者會毫不猶豫地回答可以配合，若我們再問有無加班經驗時，曾經有加班經驗的人，被錄用的機會當然還是比沒有實際經驗的人高。

職場很現實，我們要的就是配合度高的人選，有些人選會因為對工作的堅持與熱愛而換來工作能力的蛻變與成長，當然就會成為面試官的最愛！

餐廳面試，請展現你的好儀態和家教

有一些高階主管的面試會約在餐廳進行，因為餐敘式的面試特別容易讓面試官認識真實的你，還特別容易被人看出你的家教，因此有其必要性。

曾經面試精品業高階主管的朋友跟我分享，這類型的面試有一些注意事項，讓他贏得最後的 Offer：

面試時，注意你的形象

形象	要有主管架勢、全程笑容滿面
穿搭	女性可配戴珍珠耳環或白水晶耳環增添氣質，另外不要大包小包，選用有質感的包包
握手	男對女：主動點頭打招呼、握手只能握前手掌 男對男：握滿、要有力道 女對女：原則上沒有太多忌諱，唯一小小提醒是應由年長者先伸手相握
坐姿	等對方示意才坐下，拉椅子不要有聲音、坐姿不靠椅背
服裝	選擇質感的套裝，女性高跟鞋 5 到 6 公分最合適
妝容	女性妝容要輕透裸妝，可眉毛畫一些稜角，展現氣場，不要噴氣味太濃的香水

以上這些細節，都會讓你看起來專業形象大增。

餐廳面試最容易讓人鬆懈的，是面試官傾向輕鬆的談話，讓你很容易卸下心防，錯把面試官當朋友。

切記，面試官從來不是來跟你交朋友的，他的目的是為了認識真實的你，怕你在公司面試比較容易包裝或太

緊張。

出過社會的人，想當然是有備而來，在餐廳反而可以透過看似輕鬆的談話，讓你不經意說出不該說的話。

我反而建議你不用刻意的製造話題，多聊對方想聽的重點就好，通常大部分的主管只會對你的過往資歷做深入的了解，你環繞在別人想了解的部分就行。

但無論當下的氣氛多輕鬆，或是對方向你展開一些與工作無關的閒聊，都有可能是對方想對你旁敲側擊，**別忘了，面試還沒結束呢！**

我自己也去過餐廳面試，不得不說，那次的經驗讓我知道這類型的面試，其實主管都是有備而來。

主管跟我閒聊了一些工作的情況後，知道我是個還算會應付老派問題的女生，問我家裡是做什麼的？坦白說，當時我內心覺得蠻刺探的，於是就簡單說了家裡的狀況等。

但到最後一關時，她旁敲側擊我的人脈圈如何。當時我太老實，犯了一個最大錯誤，就是說自己的第一份工作就在人力銀行找的，讓最後一關面試我的大主管臉色大變！

你可能被問的問題有百百種，真的不用太唐突的誠實。後來我想想，當時如果說：「那是當年畢業的我，現在已經今時不同往日了。」這樣避重就輕，把回答聚焦於：「現階段的我，已經是個現成的人才！」應該就能扭轉對我不利的回答了。

團體面試時，讓面試官知道：你懂得聆聽和團隊合作

團體面試常見於挑選外貌，或是以團隊合作為主的工作，像是航空業、金融業儲備幹部等。

大多數的團體面試會把考生分成 5 個人左右的小組，提出一個題目，讓大家花一些時間準備，最後再跟同組的人一起討論。

在短暫的時間內，要讓別人對你的表現印象深刻，懂得聆聽和團隊合作就很重要。

這樣的面試時，我建議你先想好自己的內容，但不見得要當第一個講者。我大多會選擇主動發言，再聆聽其他人怎麼說，最後提出一些不同的觀點，並詢問身邊的人有沒有什麼不同的看法。

某次我去團體面試，遇到一個英文滿好的女生，在討論中就能跟我有較多互動；同組就也有比較害羞的女生，我就主動詢問她的想法。

　　後來面試結束，那個女生說她很感謝我，讓她不至於沒開口講到半句話，但想當然爾，最後錄取的，是我跟我旁邊講比較多話的女生！

　　我錄取後，有個老師跟我說，當時我的態度讓他感覺很積極進取，也就對我留有深刻的印象。

　　坦白說，**團體面試是比較外向、敢講的人容易被記得**，講太少的人沒什麼存在感，容易吃悶虧。

　　金融業儲備幹部的面試形態，也有學弟遇過採取桌遊或遊戲的型式，甚至結尾還會對自己的表現作自評。

　　不論討論的形式為何，你可以想想自己適合擔任什麼樣的角色？如果你比較擅長主導討論的方向，可以像我一樣去擔任 leader；如果你比較內向，可以先聆聽，再加入討論。

　　主動發言、提出看法，可以幫助面試官迅速了解你。團體討論的時間不過幾分鐘，能抓到機會表達就要好好把握，把自己的人格特質展現出來。

中英文簡報型面試，善用流程圖展現邏輯思考

我剛畢業那年，發現在台商或外商面試，很多大公司會採用簡報型面試來判斷你的表達能力跟簡報技巧。

知名外商甚至會出一個 Case Study，讓你做個案分析與探討。這些個案大多來自於公司實際發生的問題，讓你來思考解決方法，是一個信度很高的面試方法。

我自己也會請一些主管朋友用這個方法去面試人選，尤其是英文簡報，馬上就能看出一個人語言能力好壞。

我自己也在面試做過中英文簡報，提供一個小技巧，就是在簡報中善用流程圖，展現邏輯思考。

大量的文字不太適合出現在 15 到 20 分鐘的時間裡，簡報就跟影片一樣，一定要開頭如剪刀，直接破題；收尾如棒槌，來一句結論做結尾；中間則是要安插爆點，最好能讓聽眾一聽就難忘的觀點或 Solution。

好簡報的比例規則

簡報結構	比重	要點
開場白	10%	要吸引人注意，與面試官眼神接觸。
簡介	10%	簡單自我介紹，再次行銷自己。
主體	70%	最多三個重點，多引用企業案例或數據。
結論	5%	用難忘的觀點或解決方式，以幾句話做結論。
結尾語	5%	用一句話做結語，要貫穿簡報主旨！

　　你必須把簡報當成一個故事來說，而故事的題材可以來自你工作的經驗。面試中的簡報你更要想看看，別人可能會提出什麼問題，事先想想如何做應對。

　　簡報型面試的內容包山包海，什麼都可能被問，當下展現自信，不懂就要再次詢問問題，不要答非所問，基本上表現就不會太差。

　　除了外商外，台商有些公司會喜歡請員工自我介紹，這都是你好好行銷自己的機會。如果你比較容易緊張，建議在家先多練習講幾次。

2. 十大難題解析，
想好中英文擬答，不再恐懼

為什麼面試時，面試官常問的就是那幾題？

其實在實際的面試中，根據題目有沒有對人選保持一致，又分成結構式面談跟非結構化面談。

專業的面試官會採取標準的結構式面談，對找來的人選問的問題順序一致，目的在於確保對每一個被訪談者精確地呈現以同樣的順序出現的同樣的問題，以保證答案總體上可靠。

當你知道了這個遊戲規則，應該不難發現，一開始很多面試官會請你自我介紹，最後會問你還有沒有問題，這樣的安排，背後都是有邏輯的。

接下來，我要跟大家分享出現頻率最高的問題，提

供一些中英文擬答方向，引導你寫出自己的答案。

網路上有一些罐頭答案，其實人資早就聽膩了，或是根本就踩到人資的地雷。面試最重要是要搞懂為何人家要問你這些問題，背後是在問什麼，當你掌握了背後的動機，你就能一一攻破，贏得你想要的工作。

十大面試常見問題，小心回答不踩雷！

◆ Q1 請您簡單自我介紹：想請你再次行銷自己，講出跟應徵職位有關的優點。

新鮮人請不要照著自傳稿唸，只要簡短說明畢業於哪個學校、科系、在校表現最優異的科目、專長或是技術、有取得哪些證照、有參與社團或是校外活動並擔任什麼幹部即可，**興趣、嗜好不用多提。**

面試官要聽到的，是你的人格特質是否與他們要找的人選吻合？而且是具發展潛力的。

有社會經驗者請先說最高學歷，簡單講出自己人格特質，並可舉過去工作中實例來驗證。

比如你說自己個性「腳踏實地」「積極進取」，可以把曾經發生過的工作經驗用小故事來稍加闡述，加深面試

官的印象。

人資主管最怕聽到流水帳式的自我介紹，請著重在與應徵職務相關的優點。

Over the past 10 years, I've worked primarily in project and account management roles in the retail industry.

Previously, I worked as a PM for a large FMCG company, managing large marketing campaigns and supervising other team members.

I am now looking to expand my experience across a variety of industries, particularly in the global luxury goods industry. That's why I am so interested in joining a company like yours.

◆ Q2 請你談談自己的優缺點：希望了解你的個性、人格特質。

優點可以跟自我介紹包裝成一組，一起說完，但切記要簡明扼要、不要過於籠統。

大方承認缺點並不可恥，但講完缺點，請記得立刻補充：「針對這些缺點你做了什麼努力，已經改進。」

例如你從小有上台恐懼症，但為了改善這個缺點，公司的會議簡報或是學校分組報告上台發表者，你都會毛遂自薦上台，以增加自己臨場經驗來克服怯場。

或者你可以說一個無傷大雅的缺點，例如剛畢業你可以說社會經驗不足，轉換產業可以說自己行業有跨度，沒有帶人經驗你可以說目前管理經驗尚不足等。

你要說的缺點最好是新公司能給你的，千萬別提到人格特質上的缺點，一定會被人資趕走！

I've always been a natural leader. I have spent more than a decade in marketing and sales, exceeding my KPIs every quarter and having been promoted twice in the past five years.

When I look back at those successes, I realize I wouldn't have achieved them had I not built and led teams composed of highly skilled and diverse individuals.

I'm proud of my ability to bring cross-functional groups together.

I've regularly sharpened my management skills through 360-degree reviews and candid conversations with my team, and I'm looking forward to improving my leadership skills for the next career move.

I'm nervous when I speak in public. As an accountant, I don't have to do much public speaking, but I still think it's a valuable skill-especially when I want to share my opinion during a meeting.

To conquer this, my manager suggested I speak at each team meeting for a few minutes about our payment timeline and deadlines.

With this practice, I have become more relaxed and see public speaking as an opportunity to help my team members do their jobs efficiently.

◆ Q3 對於這個職位，你的了解有多少：想了解你的應徵動機，以及事前對應徵工作做了多少研究

請充分利用網路蒐集公司資訊，並詳閱徵才網站上的職務說明。

如果能再多做一點功課，你可以上公開資訊觀測站，看看這間公司有沒有什麼重大事件發佈（如預計增資、海外拓廠、投資新事業、最近半年或一季的營收財報數字等）。

如果剛好有親朋好友或是認識的人在此公司服務，

更是重要的資訊來源！但記得，要找可能幫你說好話的朋友喔！人資很會善用各種管道進行信用調查的！

如果應徵的職務與你職務相同或相近，記得不要只講述工作內容，還要強調每段經驗中達到的成就並且具體量化。

如果希望對方跟你一樣，把你設想是最符合這份工作的人選，**就要找出自己與這個職缺的最大關聯性。**

如果你是轉換跑道到不同領域的職務，近有八到九成的人會回答：「因為我對這份工作有興趣！」但人資聽到這種回答，多半內心只會大翻白眼。

「如果每個人都有興趣，我為何要錄用你？」我想聽到的是你為了轉換跑道受了什麼訓練、拿到什麼證照，這樣我才知道你是不是已經準備好了，而不是只是亂石打鳥，姑且一試。

分享一個進階的技巧。你可以去比較其他公司的相同職務，如果這家公司列出來的工作項目與其他公司明顯不同，你可以反問面試官：「請問公司對這職務的工作內容，是否因應組織設計有特別考量？」

當你這樣發問時，你不但可以得知公司組織架構，面試官也絕對會對你刮目相看！

I did some research on your organization, and I think it's amazing that this company started 136 years ago as a family business. I understand you now have 130 locations, which is impressive growth.

Also, I read the website that you're one of the top pharmaceutical companies embracing many cultures. I'm very passionate about the environment as well. As for the position, I like how the sales role is so diverse.

The job posting said the incumbent would be working on seminars for doctors , providing product information, and delivering product samples.

Based on the strong experience in all of the above, I am sure that I would be a great fit for the business development team.

◆ Q4 你找工作時最在乎的是什麼：挖掘你的工作價值觀。

「錢多、事少、離家近」是每個人的心中夢想工作，當然，這答案請你藏在心中就好。

「我想找一個有前景的產業、有發展的公司。」這樣回答也是過於老套。

「我在乎的是這個工作可否讓我學到東西！」絕對是地雷回答。公司付錢給你，是要你來貢獻的，不是來讓你補習的！

你可以回答：「我在乎的是職場的氛圍、同事間的相處，以及主管是否能充分授權，是否有能讓我發揮的舞台。」這樣聽起來也許有些八股，卻是比較保險的答案。

更出眾的回答是：「我不在乎環境，但我在乎自己的表現是否能為公司帶來更多獲利！」

I am attracted to the opportunity to work with a team-oriented environment.

Based on what I saw from the JD, it sounds like that's the type of company culture you promote here, so I'm excited to know more about the opportunity today.

◆ Q5 為何想離開目前的工作：想知道你日後離職，會對前雇主說出什麼評價。

這個題目絕對要很小心回答。批評前公司、前主管前都不要直說，用委婉不傷和氣的方式說明。若是屬於個人、家庭因素選擇離開就據實以答。

最忌諱的是對特定人的批評。畢竟業界很小，你在前東家的風評都很容易被打聽到。將重點放在對工作的生涯規畫、個人發展比較妥當。

跟大家分享一個英文口訣，LAMPS 原則：

- L：Location，比如之前公司地點太遠，某種程度上無傷大雅。

- A：Advancement，目前這階段已準備好全方面的歷練，但是公司礙於體制規模較小，職涯發展有限，希望自己加入新公司有更好的發展。

- M：Money，與其唐突講不滿意前公司的薪資太低，顯得自己庸俗又為錢而來，不如說希望自己的貢獻與薪資成正比。

- P：Prestige，如果你想從小公司跳到大公司不妨可說，想去名譽更大的公司歷練，有更多舞台發揮。

- S：Security，若是公司裁員或縮編，產業趨勢走下坡，不妨說想尋找一個新的，能發揮所長的舞台。

以上五個方向，都可以進行客製化回答。

> My previous company was a start-up. I had gone as far as I was able to go. It's time for me to join a more prestigious company and accept more challenges for the next career move. This opportunity seems to be the perfect fit.

◆ **Q6 你應徵了哪些公司？是否已接獲通知？預計何時報到：想知道你是否搶手，還有找工作是否亂槍打鳥。**

問第一個問題，是在試探你是否對特定產業或知名企業有偏好；問到第二個問題，是想知道你在市場上的搶手性。

問到這邊，通常表示這家公司對你有極高的興趣，如果你是他們的第一人選，人資就會加速內部任用流程。

若你同時已經拿到其他公司的 Offer，此刻談判是對你較有利的籌碼，可以進一步詢問對方願意開的薪資，也可以約略告知對方你目前接到的 offer 是多少。

如果沒有，<u>你可以隱晦的說自己都有陸續在談，不用直接透露公司名稱。</u>

> I'm actively interviewing and I'm talking with a number of international companies like yours.

I'm focusing my job search on finance and accounting positions in particular. I've met with a few companies face to-face but I don't have job offers yet.

That could change soon, so I can keep you posted.

◆ Q7 五年後你希望達到什麼目標：想探測你在公司的野心和職涯規畫。

了解你個人未來五年的職涯規畫，看看你是否對自己人生是有計畫性的。

這題沒有標準答案，能越具體回答越好，面試官也會順便檢視你過去工作的連貫性與你回答的答案邏輯是否一致。是否有依照自己的步驟，循序漸進地達到你想要的目標。

不要天馬行空說你希望幾年後，可以坐上你主管的位置，主管都不想被威脅，問這個問題只是陷阱刺探你的野心。

In five years, I'd like to be an industry expert in my domain, able to train and mentor new hires.

I would also like to gain specialized expertise in

compensation and benefit to be a strong contributor working with HR and finance teams on large-scale projects that make a difference in the company.

◆ Q8 如果本公司錄取你，預計何時可以報到：暗示你已經很有可能被錄取，想知道還要等你多久才能離職。

面試到最後出現這一題，應該有七、八成的機率代表你會錄取。這題是有些公司給面試官的必問題，可依照你自身狀況回答即可。

In terms of Labor Standards Act, I'm entitled to give one month's notice. However, I can start the next day, as soon as I've met that requirement. I'm eager to join the team and get to work.

◆ Q9 舉個失敗的經驗，你是如何解決它的：想知道你加入公司遇到困難，有什麼具體解決問題的能力。

此題目在觀察你解決問題的能力，以及抗壓性。請運用前面的 STAR 原則回答。將過往的經歷透過 STAR 原則整理後，拆分為有條理、有架構的敘述。

- Situation（情境）：在什麼樣的情況下？面臨什麼問題？遇到什麼樣的人、事的衝突或困難？
- Task（任務）：在 Situation 中面對的情況與問題，你提出了哪些解決方案、被分配哪些任務、擔任怎樣的角色？
- Action（行動）：根據上述狀況與任務，你如何執行？採取了哪些行動方案或應用哪些工作技能來完成？
- Result（結果）：執行完上述的任務後，你得到了怎樣具體的成果？替公司本身或客戶帶來哪些好處？改善了哪些作業流程？盡量將結果、成效引用「量化的」「被權威單位認證的」「此領域專業用術語」來闡述之。

好好運用 STAR 原則來回答這一題，面試官會認為你邏輯思考清晰，條理分明，善於歸納與總結，比其他應徵者更顯突出。

如此一來，整個面試就是你的主場了，接到正式聘僱通知書也指日可待了！

I remember the first day of my manager's two-week vacation, when one of our agency's richest clients threatened to leave because he wasn't getting the service he was promised.

During our two-hour telephone conversation, I addressed his concerns. We even discussed ideas for his next campaign.

As a result of receiving such personal attention, he signed another six-month contract before my line manager had even returned from her vacation.

◆ Q10 你還有什麼問題想問：想知道你的提問力如何，應徵動機是否強烈。

問到這邊就是面試官已經打算結束，請不要提問超過三個問題，或是問一些無關緊要的問題。

很多人會問：「請問我何時可以上班？」但這句話應該是由面試官問你的，不是你問公司的！如果對方對你表示高度興趣，就會積極爭取你加入，不須你主動發問。如果對方沒說，你可以問：「請問面試結果大概多久會通知？」

不要問一些不經思考還有薪資待遇的問題，這都會讓人資對你觀感變差。**最好可以問一些誘導用人主管已經想**

像你錄取的問題，例如：「請問如果我進來後，有沒有甚麼專案、任務是要我優先處理的，我可以預先做準備？」

如果在面試最後，感受到對方公司已經確定會錄取你，這樣的回答可以展現你強烈的企圖心。

跟不同職位的人面談時，可以就不同方向問問題，問用人主管就問有關工作細節、人格特質、面臨挑戰；問人資主管，就問有關公司、部門的狀況；問管理階層，就問公司未來的計畫。

What do you love most about working for this company?

What would success look like in this role?

What are some of the challenges people typically face in this position?

Do you have any hesitations about hiring me?

意想不到！公司不錄取你的三大理由

最多學生來問我，不知道自己去面試後，怎麼沒有下文？原因基本就是**有些回答過度唐突、行為舉止不合宜或是穿著打扮跟公司的企業文化不合拍。**

面試官通常會問你很多問題旁敲側擊，看你在面試的過程中對他們公司了解有多少。

曾經有面試官問過我職缺上工作內容記得多少，要我講給他聽；也有面試官給我一個他們公司的情境，要我角色扮演。

有一些面試你可以事前準備，有一些只能隨機應變，所以我在前面的章節一直強調求職前的準備很重要，就是希望你到面試前，已經掌握了公司的文化跟資訊。若是取得相關證照更好，讓面試官覺得你是對的人！

我跟一位有二十年人資經驗的學長 Jay 聊天，聊起什麼樣的人選容易被趕走？

他說**第一名的就是批評前東家不夠委婉；第二名是問無關緊要的問題**，例如詢問公司有無提供車位？而不是展現想要這份工作的決心；**第三名就是想轉職但缺乏生涯規畫**，比如人資主管問求職者有為了轉職做什麼準備嗎？結果高達 90% 的人說沒有。

💬 面試就是為了錄取，包裝自己直到離職

我時常看到一些人，在面試時無形中觸犯到一些主

管底限，或是講話不假修飾，都讓我不禁捏一把冷汗。

很多求職者對於主管心中的 warning signal 領會有限，我可以直接告訴大家，**最忌諱第一種是為錢而來的，第二種太進取威脅到主管地位。**

我剛入職時，跟主管聊起來當時面試，還有沒有談其他人選？我主管就說，其實還有一個人選，但對方卻踩到了她的底線。

她問對方三到五年的職涯規畫的問題，對方直接問在公司何時能升遷，我主管後來就決定不錄取她。這個回答顯得這個人野心勃勃，但卻不是一個好的回答，因為基本上沒有主管想要被威脅。

台灣主管要的幾乎都是聽話的無尾熊，哪怕你是老虎，也請在面試時收起你的光芒。

說得直白一點，**面試就是為了錄取，哪怕你有再多缺點，面試就像相親，不適合一開始就自曝其短，或讓人從你的話語中，懷疑你這個人忠誠度和穩定度。**

記得，無論任何形態的面試，都要包裝自己的優點，就算你真的順利加入公司，直到你離職前，都會被主管拿放大鏡看。

💬 如果可以，盡量別裸辭去面試

很多人不知道，**一般公司通常對還在職的人選興致勃勃。**

外國作家比喻辭職是死亡之吻，所以你如果越資深，越不宜待業太久，因為很容易被人懷疑競爭力不足的問題，**尤其是待業超過半年。**

面試時最好別直接透露你待業中，即使你已經待業了，別人問到空窗期，你可以說你這陣子去進修、做志工、接案都好，都勝過於你唐突的說你自己沒事做，隨時可以上班，這其實是不太妥當的回答。

如果雇主知道你還在職，他們就必須提供更多誘因才能讓你跳槽。如果你深知其中道理，比較容易幫自己爭取到好的待遇。

如果你不好請假，公司還對你請假百般刁難的話，沒辦法裸辭就不要待業太久就好。

台灣職場對年紀大的轉換跑道非常不友善，尤其你如果超過 40 歲，基本上半年前就要開始找，還必須找到再走。

3. 面試後，你應該做的 follow up

　　很多人覺得面試完，一切都結束了，生死已定，我會說這只對了一半。

　　大部分時候，面試官在當下自然有定案，如果你能夠更積極主動，在 48 小時內發一個感謝信，難保有些面試官就算沒有很喜歡你，還是會給你一個機會再安排一次面試，重新確認你是不是對的人。

　　我建議你不要被動的等待結果。一般來說，一家公司如果真的對你有興趣，大多不會讓你等太久的。這年頭大多公司都很缺人，流動率又高，人都得用搶的，因此我建議你**應該一週後主動發信詢問面試結果。**

　　但注意，盡量不要主動打電話，打電話只會讓你顯得急躁且沒行情。你應該做的，就是繼續去其他公司面試，直到你得到 Offer 為止。如果你能夠在面試多得到幾

個 Offer，都有助於你逼出更多 Offer。

另外，面試後請管好你自己的社群網站。**我很常看到一些人分享他去哪家公司面試的經驗，但這些如果被面試官看到就不好了。**

剛出社會的人並不知道很多公司的資訊不可以隨便外流，哪怕你去面試，都不宜在網路上洋洋灑灑的分享面試過程。

被拒絕又如何，你已經有用人主管聯繫方式

面試難免都會被拒絕，都很正常，但不要忘記你已經有面試官的連絡方式。

通常公司沒錄用的人選，都會進入公司的人才庫，有些公司可能當下沒錄取你，但他們後來開缺或是原本該來的人沒來報到，有可能會因為你態度不錯，回頭詢問你意願。

雖然這種情況不是時常出現，但你可以在被發遺珠函時，回信說日後有合適的工作機會，希望可以再次聯繫對方就好。

我有學生對某家公司很有興趣,被拒絕過幾次,最後還是錄取了!**其實被拒絕,只是你當下不一定是最適合的人選,但重點是你被拒絕後,是否有成長心態,去增強自己的不足之處,也許下一次你就能錄取了!**

如果你沒被錄取,也沒犯我以上提及的所有錯誤,大部分的原因只是你不適合這家公司,或是公司有一些潛規則你不符合而已。

我有一位名校心理系畢業的朋友,當時她碩三,要去大專院校找心理諮商的實習機會,她跟我說她整整被拒絕了七次。

當時我也很驚訝,像她學經歷如此優秀,怎麼會一直被拒絕?後來她說與其百思不得其解,不如直接打過去學校詢問原因。沒想到她得到了讓我也很吃驚的答案:學校的承辦人表示我這個朋友在國外念高中,覺得她並不懂台灣升學制度,因此不錄用。

這位朋友的故事,讓我提前知道公司用人,一直以來都有自己的秘密雇用標準,而且從一般大專院校到私人企業,都沒有例外。

在業界打滾得久了，很多朋友會分享他們公司不為人知的雇用原則。

用人特別倚重主管偏好，大家並不知道求職時，面試官大多會選擇跟自身背景相似的人。很多人可能家世背景、學經歷、人格特質跟現有公司多數員工不同，自然就很容易被踢出門外，直接出局。

我某個在外商服務過的學生，就說那家公司有非常多特定學校同系所的學長姊，這家公司就會特別愛用自己學校出來的學生。

更有一些顧問公司、創投公司偏好海歸派或家裡從商的小孩，因為講得直接一點，公司都是要獲利的，如果錄用某些背景的人選，公司幾乎能直接撿員工家裡現成的客戶或人脈；也有些公司則會特別偏好白紙或同產業經驗的。

私人公司都不會明說這些潛規則，我剛出社會時也不懂這些道理，後來一個高階主管跟我透露這些事，我才知道原來求職的遊戲規則，是如此深不可測。

公司都不會想打破現有的文化，所以你能做的，就是相信自己是一顆鑽石，一定會找到伯樂，別人不用你，不代表沒有欣賞你的公司，你應該耐心等待、繼續找。

當你學會了本章節提供的面試技巧，應該會很容易得到 Offer，要開始談薪資福利了。

　　下個章節我們就要來談如何搜尋到薪資行情，還有如何幫自己談個漂亮好薪水。

重點整理

1. 給人的第一印象中，占比最高的就是外在、表情跟動作。最簡單有效的武器，就是你的笑容，其次是聲音要大一些，聽起來更有自信、不畏縮。

2. 面試不需要你唐突的誠實。善用 STAR 原則（參考 P130、153）推銷自己，展現好儀態，就能贏得面試官好印象。

3. 面試常見十大難題，先想好中英文回覆，面試時就不驚慌！（參考 P142）

4. 就算面試後被拒絕，你也應該 follow up，把握日後可能出現的新職缺。

第 5 章

外商人資親揭！
關於薪資談判，資方不能說的秘密

關於薪資談判，永遠都是求職者心中的痛。

很多朋友跟我說他們覺得自己開低了委屈，開高了怕公司不錄用，入職後想要調薪更是困難重重。

這場諜對諜中，你應該如何戰勝資方心理，獲得你想要的薪資待遇呢？其實這一切的問題，要回歸到你是否有做功課、了解市場行情，還有知道人資為何總是要先問你預期待遇。

當你深諳這些背後的原理原則，我敢說下一次，你會來告訴我，你贏得了想要的薪資，或至少幫自己爭取了更多隱形福利！

1. 談錢，先不亮底牌最好

　　建議一般求職者在去面試前，先去跟同業或獵人頭打聽你所應徵職位的市場行情應該是大約多少。

　　通常大型的人力銀行或是獵才公司都會有一些相關的資料可以索取，你必須記下高點和低點，準備在合適的時機點去談判。

　　如果公司的薪資是面議，我建議你能夠先不講自己的期望待遇最好，因為公司如果在電話邀約時就先問預期待遇，這背後其實代表人資想把超過公司預算的人選事先趕走，避免後面麻煩而已。

・薪資查詢管道如下：

　　1111人力銀行薪資公秤、米高蒲志《薪酬標準指南》、104薪資情報、Adecco台灣薪資指南與產業報告、

yes123 **全國薪資調查報告**、glass door、**比薪水**、**華德士薪資調查報告**

　　這樣先詢問對公司來說是沒錯的，因為任何一家公司都不要太貴的人選。即使用人單位真心覺得你條件不錯，但公司通常只要價格合理、又能做出工作成效的人選，頂多也只能為你爭取 10% 至 15% 的談判空間。

　　最保守的作法，是盡量到面試時再談及薪資。我們可以用一些方法旁敲側擊，準備談判。

　　大家並不知道能給多少錢，是取決於部門預算，因此你不要設限哪家公司一定能給多或給少。

　　任何一家公司，每一個職位都有一個預算範圍。大公司是對應到公司的職等職級，會有一個敘薪表，用人單位較少能干涉；中小型公司，可能會依照公司薪資辦法；新創公司的用人主管相對權力大一些，比較好商量。

　　薪資增減的關鍵大多取決你有沒有帶人、工作經驗、個人能力與素質。

　　如果你工作資歷在五年內，學歷還是會是一個評估的重點。其實公司能給你多少錢，除了看用人主管賞不賞

賜你的個人能力，決策權大多是掌握在公司手裡的，獅子大開口多半沒用。

談判不是漫天喊價，而是在限制條件下爭取更多。當你掌握更多公司資訊，事先了解核薪的遊戲規則，才有機會不戰而屈人之兵，幫自己贏得一個滿意的薪水。

當你只會被動的被公司牽著鼻子走，或是只會說依公司規定，那你一定會落入資方的圈套。

你永遠要知道，**台灣的人資向來不是跟你站在同一邊的，我們的職責是幫公司用最合理的價錢找到堪用的人，而不是最好的人。**

為何台灣 HR 總要你先亮期望待遇

我相信在面試當天，人資通常都會發給你一個應徵表格，通常會包含一個欄位要你填上預期待遇。

好吧！人資的把戲就是能越早讓你攤出底牌，他當然越好做事，所以即使他沒有在電話問你預期待遇，到了面試現場人資還是會要你先填表的，這時候你還真的沒太多選擇不填。

我要你先填目前年薪／可再商議，不要早早先攤牌

斷了去路。人資主管如果確定考慮錄用你時，核薪時就會直接問你的，在這之前你應該先按兵不動。

如果你寫下太高的薪資，基本上就不會有後續了。公司會在電話或應徵表格中不斷做詢問，都是為了防止你被選中後進行協商。

朋友有一次去公司面談，丟出預期待遇年薪 70 萬，公司很明顯給不起，我朋友後續當然沒得到回應跟 Offer ！

只要在面試初期，人資主管問你對薪資有什麼期待？自然而然的，你會跟我前述的朋友一樣丟出最高期望，但這時還不是討論具體數字的好時機。如果你那麼早談起期望待遇，便是讓人資主管占上了風。

如果你說出的數字太高，就可能毀了你到下一關的機會；過低，當然吃虧的還是你！

如果你還在應徵求生存的階段，可以先試探人資主管對這個職位的薪資範圍怎麼樣？如果你聽到了答案，你可以回答：**「聽起來非常值得我考慮。」**

另外一個情況是，公司確實覺得你挺不錯，差不多決定錄用你了，但之前都還沒聊到待遇，可能到了面試最

後一關才問你預期待遇。

　　我自己也遇過這樣的情況，但你千萬不要傻傻的就說你要多少！比較妥當的方式應該是**先問公司薪資福利制度。**

　　每家公司的薪資福利制度不同，有的是年薪 16 個月，我也遇過朋友公司是保證 13 或 14 個月的。你不能單看月薪，當然還是要看年薪跟整個 package。

　　這種情況，你可以說你目前收入情況如何，然後說**對我來說，錢不是最重要的，真正重要的是找到一家適合自己的公司，我對此很有彈性。**

　　這類話術正是面試官想聽的，進可攻退可守。為何我要你這麼做？因為人資經理確定你是最後人選後，很有可能薪水到最後確定錄取時忽然升高。

　　我自己的作法，是先問公司該職位的預算範圍。談判時，如果資方先亮底牌，算很有誠意，讓你可以知道別人請不請得起你。

　　如果你得知這份工作薪水很高，你自然可以報出你目前加上獎金、股票、所有福利，提出一個更高的整體收入；如果你以前待遇較高，這時可以把獎金踢掉，並強調錢對你而言不是最重要。

🗨 開口談錢，自信讓你勝出

當然前面說的各種情況，在你身上可能都會發生，中間我相信都會有些周旋的過程。

你可以準備好說詞，列出針對新公司現在和未來面臨的問題，自己具備多少能力和掌握多少資源能為新東家節省多少成本等。**說明在前東家解決的問題，能夠如何應用在新公司。**

當你做了周全的準備，可說明企業應該支付年薪不低於 100 萬，很有自信的拿出過往績效，證明你跟人家要的這個錢合情合理，你值得這個價值。

談錢這件事情，我覺得大部分的人犯的錯，是缺乏自信跟太過衝動。

當你對你自己的工作能力有信心，其實你應該在入職前就幫自己談到滿意的薪水。**通過跳槽，爭取到 20 到 30% 的薪資漲幅大多不難，但你如果入職後想要調薪，會非常困難。**

一般公司大多要幫你加到 10% 那麼多，是你必須升遷才有這個機會；如果只是例行性的調薪會落在 3% 到

5%，所以如果不在入職的時候一次談好，我保證你一定會後悔。

台灣多數公司的慣例也不見得會幫你試用期調薪，一旦你開始工作，想要得到更高薪水，會比你剛入職時困難三倍。

如果你對於薪資行情無知，對於人資的暗示無感，你會跟我一個在新創公司做行銷的朋友一樣，只能來跟我抱怨。

當初這個朋友，前一份工作薪資大約三萬六，當時希望下一份工作月薪至少要四萬。

朋友因為個性比較急躁，而且找工作已經面試到很累了，於是最後真的找到一家公司祭出四萬月薪時，她就急著想入職了。

但是這家公司的人資在發 Offer 時，跟我朋友說她可以再談高一點，因為公司的制度就不會輕易調薪，她還是說她沒有想再談。

結果後來她做沒多久，就跑來跟我說對現職公司薪資不滿，進而動了想轉職的念頭。我知道了來龍去脈，因為我肯定知道一些合理的行情在哪，跟她說當時再談五千

也不為過。

　　我問她說為何不談，她說她不知道開多少合理啊！於是我把她唸了一頓，說你要做功課跟人脈打聽啊！怎麼能給人資做業績去了？她懊悔不已，直到今年滿三年了，調薪還是在主管畫的大餅中，遙遙無期。

　　我遇過無數這樣的個案。但如果我告訴你，公司決定用你，很可能是因為你是公司所有人選中最便宜的，我不知道你是否還堅持不談薪呢？

　　為何我知道這個真相？因為公司通常用過太多貴的人，也覺得不一定好用，老闆只會越用越便宜。

　　當你的老闆學過這些教訓，就會傾向找一個不貴的人選自己栽培。尤其當你的主管越年輕，就越喜歡用應屆畢業生。此時只要略施小惠，多給幾千塊，就可以讓你趕快入職，而且比起有經驗的人選還便宜又聽話。

　　除非公司今天找的是主管職，情況就不一定，找中高階的人選，人資跟用人主管更希望自己找到頂級求職者。台灣公司通常會願意給高薪的，是公司很難自己找到人才，優秀到市面找不到的那種，這種人才喊高價的權力比較高。

我跟我主管的前手，就是靠獵人頭找來的，當然很不幸的他們很快在公司陣亡，於是公司老闆決定用自己人脈挖人，先找了我主管，後來我主管找了我。

當年我自己進去公司，因為能看到全集團薪水，我真是開了眼界。坦白說我剛畢業的薪水，因為給了高底薪我算很滿意，所以拿到 Offer 就沒再談，直到我看到前手的薪水。

一般員工看不到這些殘酷的真相，說出來只是想讓大家知道，不要活在天真單純的幻想裡。**牽扯到錢，只有自己在對的時機、幫自己爭取才是王道。**

會給你高薪的公司，至少是有看到你的價值。如果一家公司對員工非常小氣，會讓你覺得委屈的就別去了，因為你也做不久，對勞資雙方都是浪費彼此時間。

我以上說的，都稱不上是什麼談判技巧，只是讓你提前了解資方心態而已。

2. 評斷薪資的 3 大原理原則

　　評斷薪資的三大原理原則，就學理而言可分為外部公平性、內部公平性與個人公平性。這是一般企業在做薪資調查時，務必遵守的原理原則。

　　是美國心理學家約翰・斯塔希・亞當斯（John Stacey Adams）於一九六五年提出了著名的〈公平理論〉。他認為公司激勵員工，必須高度重視薪酬中的三個「公平」：

- 外部公平性：指同一產業或同一地區員工、在同等規模的不同公司中，類似的職位薪水應該要差不多。
- 內部公平性：指同一公司裡，不同職位所得薪資應該和其對公司的貢獻應成正比。
- 個人公平性：指同企業、同職位的人，獲得的薪資應該要相差不多。

也就是說，員工會拿薪水和其他同事、外部行情和自己的貢獻相比，如果對其中一個要素感到不滿意，他們就會容易心理不平衡。

在公司實際運行上，通常非常有制度的公司，比如國內外上市上櫃的公司，會每年定期向美商惠悅、美世這種大型顧問公司購買薪資調查報告，甚至績效跟薪資制度；有些公司是直接外包請顧問進行設計，為了就是兼具內部公平和外部公平。

如果你上過班，你就會知道即使在號稱制度多完整的公司，還是難保員工不會有怨言。大家多少會互通有無，甚至同業大多近親繁殖或互相認識，不知道彼此薪水實在太難。

我自己因為工作的關係，看得到同事跟自己主管的薪水，我會說需要強大的心理素質，才不會覺得誰能力就也普通，怎麼薪水還不錯，搞得自己心情不愉快。

公司基本上都是參照市場裡的薪資平均值，避免有太低或太高的情形發生。因為若給員工低於一般市場行情的薪資，可能會流失人才；薪資給得太高，又會養出一堆

不見得有競爭力的肥羊。

　　當然，制度終究是始於人性，接下來我要跟大家說當你遇到不同的情況，要如何為自己談到滿意的薪水，但以下的情況，**能不能談成功，還是回歸你個人能力和公司買不買單。**

當月薪低時，談保障年薪

　　當你公司的薪資制度是月薪比較低時，我會建議你跟公司協商一個保障年薪，而且必須寫在合約裡或是拿到公司正式的核准，留存證據。

　　我看過太多公司在入職時畫大餅，說年終還是獎金保障給幾個月，都是騙人的。一般公司的獎金基本上都會在合約裡加入但書，補充說明看公司營收決定發放多少。

　　有些公司會跟員工簽約一個獎金比例，讓主管根據你的表現打考績，你會有一個考績分數對應的獎金達標的比例。

　　簡單來說，你的獎金會綜合考慮你的個人考績、年薪、公司營收達標比率，你所屬的 BU 營收好壞更會影響你的結果。

考績計算

Achievement	Payment
70	0%
80	30%
90	70%
100	100%
110	110%
150	150%

　　知道了獎金發放的變數多，想談高保障年薪，必須跟公司協商用其他名目像是 Retention Bonus、Profit sharing 等，看公司接不接受。

　　我有個朋友在一家知名的外商公司，底薪就是屬於中間值，年薪 16 個月，靠配股一年就能賺到 70 至 80 萬。

　　這有個前提，就是你通常得是公司要員，公司才會買單。多數的後勤單位不是公司的核心單位成員，一般公司比較難做這樣的安排。

◆ 如果你是業務主管、研發工程師

去談薪水時，可以說「希望不會低於年薪多少元」。

大部分的公司對於錄用員工時所應支付的薪資，都不會是全無彈性可言。尤其有些台商公司，薪資制度沒辦法給像外商的高底薪，假設說只能給到月薪八萬，至於年薪你可能會有一個期望的待遇（假設 180 萬好了），至於剩下你想要到的錢要如何拆分，說服公司給你，這得看看公司願不願意用其他加給或津貼發給你。

◆ 如果你是幕僚人員

舉例財務好了，我公司之前的大主管，就會給月薪比較低的人獎金簽約比例比較高。此時年薪還是可以達到要求的期望待遇，但我只能說，如果是屬於這類型的給付方式，有個風險就是難保你公司的獎金制度不會一直修正。

我自己就活生生經歷過公司的獎金制度會每年調整，當初獎金談比較高的人，不見得每年都還是能領到跟一開始一樣多的錢。

說到底，每家公司能給的彈性不同，但你千萬別不問，公司真的想要你，都是能從現行薪資制度中變通的。

提前從前東家離職，
可談簽約獎金彌補損失

還有一種情況，是我們公司用人很急，要從競爭對手那邊挖角現成的人才，使出的手段就是給簽約獎金（Sign on Bonus），有些英系國家會說是 Buyout。

簽約獎金一種方式是入職發放，一種是過試用期分批發放，這種作法其實能提供一些誘因，要人選提前入職，彌補損失。

這樣的作法在台灣企業沒有那麼行之有年，原因在於台灣的員工不太能通知期沒滿，就跟公司說要走人。

但大家並不知道像是在印度，多數員工忠誠度不高，還總是對錢斤斤計較到讓資方很頭痛的程度，自然要因應這樣的風俗民情，想辦法解決缺工的問題。

分次給付對公司也有好處，他們能有足夠的時間觀察人選的績效和表現，避免落入看走眼的風險。比如員工達不到預期的要求，公司也不用支付高工資。

真實的運作可以在報到當月份支付 2 分之 1 的金額，服務 6 個月再支付剩下的一半，這就看企業如何運用，以此為誘因來搶到好人才。

🗨 不能談錢，但可以為自己爭取福利

當然如果保障年薪跟簽約獎金，你都難有談判空間，我要跟大家聊聊你還是有機會談 benefit-in-kind（BIK），舉例如工資外非貨幣形式的額外補貼（fringe benefits）。

我以前的公司還不錯，有些國外分公司會幫員工買團險、給公司車或補貼電話費，這些福利都在入職 package 裡，有貨幣價值（monetary value），必須課稅，別忘記這是你權益的一部分。

我之前的工作性質因為下班後還是需要回信，就可以申請網路費；你如果是業務，需要時常出差，你自然可以爭取配車（company car）或高一點的零用錢（per diem）。

基本的 Fringe Benefits 通常包括有薪年假（Annual Leave）、病假（Sick Leave）、產假（Maternity Leave），以及醫療保險（Medical Insurance）；有些公司更會為員工提供家庭保險（Family Insurance）、教育津貼（Education Allowance）、住宿津貼（Housing Allowance）、男士侍產假（Paternity Leave）、婚假（Marriage Leave）、退休金（Pension）及生日假（Birthday Leave）等。

舉了那麼多，就是要讓你知道，除了本俸以外，你還有很多可以去爭取的福利，在國外這些都很普及。

　　杜拜甚至會在完成合約後可獲得 Gratuity（約滿酬金），也就是在合約完成後，公司會向員工發放一筆相等於薪酬某個百分比的酬金。

　　近年不少國外公司為吸引人才，均會在合約上設立 Gratuity，希望提升員工的工作表現。

　　以上薪資福利的概念在台灣職場出現的頻率不一定高，但未來你很可能會在不同國家工作，甚至外派到海外，希望你能有一個整體的概念。

　　台灣公司在人力資源上或許成熟度不如歐美，是卡在台灣的職場風氣不利勞方，但我想讓你知道，**不管在任何公司，都是高層談特權、普通員工談公平而已。**

3. 拿到 Offer，談判才要開始

最後，我要跟大家做一些小小的提醒。當你拿到 Offer 時，才是你真正要開始談判的開始。

大家可能很驚訝，但就西方的求職觀點，只有你拿到 Offer 時，你才站穩了腳步。

你知道為什麼嗎？因為你這時候不滿意合約上的任何內容，人資主管跟用人主管，絕不會為了那區區一點錢重新找人、浪費時間。

當人資打給你，詢問能不能接受合約上的薪資，千萬不要輕易接受公司第一次給你的 Offer。公司通常第一次給你的薪資待遇都是最低的薪資標準，看你會不會上鉤。

我在前面說過月薪四萬的故事，有一個很關鍵的細

節：她拒絕了人資主動要她多談的時機，就是拿到 Offer 那刻。

此時，你間接讓新雇主知道你只要擁有一份工作就心滿意足，我跟他說你真是傻了！閱人無數的人資主管其實想得跟你不一樣。

或許這個人看上去並沒有那麼優秀，難道她不知道自己的價值嗎？難道她連提出更高薪資的要求都不嘗試是嗎？你很快的就會知道，自己比別人賺得少，還得不到那些會談判的人所獲得的薪資福利。

薪資的真相：不見得每個求職者都由最低待遇開始

還記得有一次，我跟一位分公司同事聊起他大學剛畢業的薪資待遇是一萬五港幣，後來他公司的主管對他比較好，說他薪資太低，做了一陣子主動幫他調薪。

這個同事跟我說，如果公司在你進來後還能幫你調，基本上只代表你入職薪水開太低。那時候我還沒像現在一樣，有比較豐富的職場經驗，不知道江湖險惡，很慶幸當年主管沒有因為我是新鮮人就給太差。

當時我拿到合約，顯露了自己滿意的情緒，就是正中了人資下懷。如果你剛畢業，至少獲得的是中等水準的薪資待遇，那也許還可以接受；但你如果是個資深工作者，還是中一樣的招，只是顯得你自信低落、道行不夠。

輕易接受公司第一次給你的 Offer，你後續的獎金都會連帶影響，用最低的底薪計算。

一般公司在計算獎金上，可能會是半年一個評估周期，其中計算的變數中會有半年期的本薪、Business KPI、Personal KPI、簽約獎金比例等，實際的計算每家公司略有不同，但大多擺脫不了會跟你的本薪掛勾，所以如果可以談高底薪，會是對你比較安全的作法。

很多求職者因為不夠懂薪資的背後邏輯和運作，害怕在拿到 Offer 時談判，**事實上除非你在言行舉止失當，或在特定條件上毫無彈性，否則談判永遠不會傷害你的機會，公司最多拒絕你的要求而已，**但是否接受這份工作的主動權，依然掌握在你手裡。

坦白說，沒有一份錄取信是不用修改、可立即接受的。人資主管早就料到會有人選到最後階段還會周旋，但你周旋的話術必須一開始表達敬意，例如：「對於你們提

供的條件，我感到非常高興，真的很希望能在○○公司上班，也非常感謝你們提供年薪 100 萬、團險和優於勞基法的年假，不過，我真的希望能拿到年薪 120 萬，在這一點上，我們能做什麼討論嗎？」

談判的語氣很重要，還有記得一次只能談一件事情。當然最後的結果可能談成功或失敗，成功談高底薪當然很好，如果不行，你應該陸續端出其他你想談判的福利，例如額外的休假、更滿意的頭銜。

大家並不知道，當公司真的覺得你很好，都是能談的，最多談不攏你也可以拒絕 Offer，這都沒什麼好大驚小怪。

試用期後調薪，小心被資方跳票

說了那麼多，只想讓你知道贏得 Offer 那刻你才占上風，千萬別相信什麼試用期後會幫你調薪的鬼話，如果有這回事，還是得寫在合約上的，不然都不算數。

我在本章節不斷的提醒你，入職前都要把自己該爭取的拿到手，因為我實在聽過朋友太多在入職後因為錢不滿意，跟人資鬧翻的慘案。

來談談一個香港朋友的故事，讓你知道江湖險惡，這個朋友在一家公司做了一陣子，因為表現不錯，主動去跟人資部門談她過了試用期後要加薪，結果公司人資死皮賴臉，就是不核准。

　　這件事讓她極度不爽，說香港人資很小氣，只會 cut cost 、 cut salary，後來她跳槽離開了這家公司，薪水還漲了 40%，揚眉吐氣的走人！

　　公司就算曾經跟你承諾過什麼，沒有入袋跟留下證據，都是死無對證。我自己經手過太多國內外員工爭議，公司通常只會回頭看合約跟有無送到高層的核准信件。

　　時常有一些同事會來跟我說主管說下個月會幫我調薪，怎麼還是沒收到，我就會跟他說，我只認合約，還有有沒有人資部門正式的通知。

　　如果公司有要幫你定期的調薪，一般來說你會收到信件。我自己以前公司內部的紀錄都會要求補上一個 addendum，就是為了留下證據保護勞資雙方。

　　有些公司真的對員工不錯，願意在試用期後調薪，但多數公司真的不願意啊！

　　除非你真的是公司不可多得的人才，半年調一次薪

是有可能的，因為公司真的怕你跑走。

但再怎麼調，都不可能像你在拿到 Offer 時，可以盡可能爭取。我還聽過傳產調薪調幾百塊的，甚至表現不錯的員工調個 2000 塊。

我前公司有個高階主管更無情，用了四萬不到價格找到一個表現不錯的年輕女生，後來人家打算離職還是不給加薪。

最後，他那個部門連同這個年輕女生跟她的主管都走了，結果這個高階主管請來兩個更有經驗的，還比兩個前手加起來便宜，你就知道公司多會算。

當你加入公司後，基本上公司大多只想用最低的成本聘用你。

如果你真的想要在入職後調薪，最好的時機點除了升遷，就是績效評估前，主動提出加薪的請求。

這個時候主管通常會問你這個上半年做了什麼，如果你能具體舉出大型專案的結果、你所解決的問題，主管會比較好善用這個時機點，幫你爭取。

通常有反映總比沒反映好，因為公司除了會定期調薪外，你沒有特別的貢獻，公司大多不會買單。

還有一種情況，有可能成功也有可能失敗，那就是當你拿到其他 Offer 時提出加薪的請求，有些主管真的想留下你就會幫你加薪，有些則不會。

如果可以，**最好平時收集一些自己做得好的證據，等到合適的時機點，再跟主管討論。**

不要相信口頭 offer，出社會只有白紙黑字是真的

還有一種情況是公司還沒發 Offer，打電話告知你是熱門人選，說這是口頭 offer，要你先去受訓什麼的，這都是騙新鮮人的。

我有個同學原本應該會去一個傳產上班，因為她在還沒簽約時，公司要她先去受訓，她以為應該不會有什麼意外，結果明明受訓成績都還不錯，公司竟然說不錄用她，讓她錯愕到一個不行，連被趕走的理由都不知道。

後來她找上我，問我對這件事的看法，我就說受訓前有簽約嗎？她說沒有，我說那就對了，公司沒跟你簽約，還拗你花兩個星期去受訓，簡直占你便宜，沒良心到死（這家公司是哪家公司我就不方便透露了）。

再次提醒大家，有問題的公司很多，千萬不可以落入需要一份工作，被人占便宜到如此程度的慘況。出社會要學會保護自己，一切都要白紙黑字寫清楚。

說穿了，**談薪水的最高境界，就是「不要」最大！**

不管是你自己去談薪水還是請獵人頭談薪水，只要你拿到 Offer，獵人頭都會想辦法控制你，讓你乖乖去報到。

人資主管都會怕你拒絕 Offer，尤其當你同時還拿到多家 Offer 時，更容易逼出更多 Offer ！

提醒大家千萬別上了資方的當，只有讓多家公司爭先恐後想要的人選才顯得有價值，職場如同情場，都是兵不厭詐！出社會當乖乖牌，大多沒糖吃。

4. 非自願性離職，資遣費應該怎麼談

　　最後補充說明，如果你是被資遣的，在離開公司時，你要如何把你該拿的都拿走？還有去新東家，應該讓別人知道你是被資遣的嗎？我來談談我自己的想法。

　　一般在台灣被資遣，你應該會得到法定的資遣費、代通知金和未休假獎金。通常有些外商會給到優於的資遣費，好讓你心甘情願、不鬧脾氣地走，但多數公司並沒有那麼佛。

　　我建議你**看清楚公司的信是何時通知你的，因為代通知金是根據你的通知期計算，雇主通常能在這個名目上多給你一些寬限，讓你拿到多一點，避免爭議。**

　　至於你被資遣後，找下一份工作時，要不要講自己被資遣，坦白說我是不建議主動提到。

假如你不想在面試中被淘汰，最好只透露離開前任雇主的積極理由，自信地像個搶手的員工，讓人資主管看不到任何需要促使他們 Reference Check 的必要。

你可以說想嘗試某些新事物一段時間了，參與面試的職位就是自己未來想從事的行業。**面試時你從沒義務老實，只要誠實就可以了。**

被公司資遣說出來，其實會引起一些不必要的猜測。尤其大多數的人並非公司要員，不一定會進行背景調查，你的目標應該放在抱新公司大腿、拿到工作門票。

當你深諳以上資方不會告訴你的秘密，我相信絕對可以獲得趨近理想的薪水福利。在真實的談判中，你可以根據不同的狀況，使用不同的談判手法。

當你耗盡心力，終於接受入職了，你也別太大意，公司給你的每一分錢，都會要你從貢獻中吐回來。

這時聚光燈亮起，全公司都在看著你！因此想在公司增加能見度，你需要一點心機，讓公司知道你這個不可多得的人才，值得千金。

重 點 整 理

1. 公司可能會在電話中、現場面試時詢問你希望的薪資，是為了資方能更方便篩選人選。可以的話，在面試前盡量不要先露出你的底牌。

2. 薪資的調整不在面試時談好，之後要談會困難很多。且調薪成功與否，還是要回歸到個人能力和公司買不買單。

3. 月薪低時，可以談談看保障年薪；或用其他福利（股票、加給或其他津貼）補足。

4. 所有口頭承諾，都要等白紙黑字的合約出來，才真的算數。

5. 被資遣時，注意公司寄出通知信的時間，會影響你的代通知金；去面試新工作時，也建議不要主動提及被資遣的事。

第 6 章

想在公司增加能見度，
你需要一點心計

找到滿意的工作，不是從此就過著幸福快樂的日子，立刻開始鬆懈。你必須知道如何在公司內部力求表現，當一個有存在感的員工。

　　我過去的老闆非常嚴格，逼迫我以最快的速度做出績效，我有義務告訴大家我自己是如何做到的。

　　當然我也會教你不要當一個埋頭苦幹的好員工，應該學習如何向上管理、適時展現績效，並善用一些機會，成為公司的紅人。

1. 入職前多看缺點，入職後多看優點

　　去任何一家公司任職，我相信每個人應該都歷經一段蜜月期，要不就是很痛苦的試用期，剛好我本人是屬於後者。

　　我主管是一個個性很急躁、完全不等你慢慢學的女生，我做不好的時候，都會被罵到全辦公室都聽到。

　　有一次，一個設計師主管來關心我的工作狀況，我竟然高 EQ 回應說，我不敢抱怨主管嚴格，我只怕我出去找不到工作。當時一畢業要立刻學會國外三十國的薪資，坦白說不是財會出身的我，花了很多時間摸索。

　　有一次我做錯事，覺得很對不起公司跟主管，但主管卻沒有怪我，扛起責任。

　　她說我就算財會沒有她靈光，她還是看到我願意跟員工溝通的一面，覺得我來公司，同事都很喜歡我，至少

工作氣氛有很大的改善。

　　她說她願意用我，就是決定多看優點。因為這件事，讓我知道主管也沒嫌棄我，那我沒道理做不好，還反過來抱怨公司。

　　而且主管當初錄用我的時候，薪資福利也給得不錯，反觀我的朋友還在抱怨低薪，我覺得自己已經很幸運了。

　　主管願意大方給錢也願意教我，這是很多其他主管也做不到的事。在前東家，我學會不要去任何公司總是看到不好的一面，處處跟朋友抱怨。

　　我時常遇過一些朋友，很愛說公司對不起她，但你知道她只是在怪自己的眼光差而已。這就跟有些女生很愛抱怨自己男友是渣男，又不想離開他，不覺得自己也有點問題嗎？

　　每家公司或主管吸引你跟隨，絕對都是有理由的，可能是名氣響亮、薪資福利優渥、或是主管面談時打動你的一句話。

　　很多人把公司想得太美好，真相就是你自己都不完美了，公司又怎麼可能什麼都讓員工無可挑剔。

　　每家公司都有自己的問題，你能做的就是**進去前多**

看缺點，進去後多看優點。公司用你都是為了解決問題，而不是找你推卸責任。

人人都有工作不愉快的時候，也都有遇到挫折的時候，說到底，老闆要的只有解決問題的人。

你能不能在你不如意或職業倦怠的時候，把做任何事情當成你做這件工作的第一次，想辦法把看似單調的工作想辦法做到盡善盡美，或是加上自己的創意。

心存正確的想法，與自己對話，做自己的心理導師，不要把情緒帶進工作裡。你認為自己是什麼樣的人，久而久之，你就會成為什麼樣的人。

試用期，大家都在默默觀察你

前面提到不要一直抱怨公司，要把熱情帶進工作中，因為你難保坐在你旁邊的同事或其他部門主管，沒在觀察你，甚至是你主管的眼線。

尤其是在你身為菜鳥時，更要在意你的態度。我後來在公司處理新進員工時，發現誰感覺起來有點不對勁，我都會直接跟主管說，久了你就會發現，個性難搞或配合度差的員工，大多如我們所料做不久。

新人最好懂得閱讀空氣。每一家公司都有一些不明說的潛規則，後來我離職才跟朋友說，基本上我主管沒下班，我是不能走的，但很多新鮮人還真的以為下班時間到了就一定能走。

很多事其實由不得你。有些公司確實是奉行不加班文化，當時我剛進公司，有個妹妹就說他在前東家不太需要加班，但我們公司就是責任制，只能入境隨俗。

即使你變成公司老鳥，言行舉止還是要注意。老闆從來就不會輕意對你降低標準，只會標準越來越高。

之前還在公司時，我時常看到一個同事在偷懶，大家或多或少都知道，他隔壁的同事都在竊竊私語，說他自己工作不做，要其他同事分攤掉，後來沒多久，他就被公司資遣了。

就算你變資深了，也要隨時在工作上維持自律的態度，哪怕你在公司只剩下一天，也要謹言慎行。

我以前的實習主管很愛講一句話：「你在觀察公司，公司也在觀察你。」大家並不知道你的公司電腦都有裝MIS，主管想調出來都是可以的。

上班除了不要做私事，**時常跟主管彙報進度很重要**。

大部分的主管控制欲都很強，你只要沒有隨時報告進度，很多主管都會不高興。

我學姊的外國主管就要她每天提交工作進度，讓她很頭痛。但我只能說，每個人都只能想辦法找到跟主管最適合的工作方式。

主管基本上分兩種，一種就是雞毛蒜皮她都要管，遇到這種主管，你做任何事之前都不要隨便亂做決策，應該跟她主動討論，不要讓主管沒有安全感；另一種主管就是懶得管人，只在意結果。

大多數的男主管屬於後者，但這不代表他們不在乎品質，你還是有事情要主動找主管討論。

🗨 細節決定成敗，好好珍惜嚴格的主管

就算主管的風格有所不同，**做事應有的品質都是不能少的。**

我主管就是一個標準的財會人員，連報表的格式都要挑剔，美不美觀她都很在意。

我不是一個天生個性很細心的人，但人在江湖，行為就是必須改，做錯很多事，不是一句對不起能解決的。

我一個做行銷的朋友個性很粗心，我跟她說**你交出去的東西，你的最後一眼是老闆的第一眼，你應該檢查三遍再交出去。**

我跟她開玩笑說，我公司有財務做錯事害公司賠錢，就被趕走了，因為不是每個主管都會幫下屬扛責任。

對很多主管或老闆來說，**聽話又有能力完成交辦事項的人，通常他們的能力也只是還好而已。**畢竟公司都付你錢了，你準時交出東西，也只是理所當然。

只能完成主管交付的事，並不會給主管一朵花，讓老闆覺得你表現好到有驚喜。這種聽話又會完成事項的人對主管來說雖然很棒，但就只是聽話好用而已！很難說這個下屬能力算好。

主管雖然不會說出口，但心裡其實都期待你能做到超乎預期。如果你遇過自我要求很高的主管，會認為你每天沒進步，就是退步。

但時間久了你就會明白，嚴格要求的主管雖然當下讓你壓力很大，正面去想，也是為了你的未來著想。

回首我身邊能力很優秀的經理人，剛出社會都被嚴

格的主管要求過，自然能夠去任何一家公司學會自我要求，我自己也不例外。

　　從前公司離職後，我在家展開一段全職作家的生活。沒有了主管三餐督促，我還是能夠提前完成寫作進度，還能同步處理很多事情，一切都仰賴在公司時，不能忍受任何事情拖到隔天的主管。

　　廠商要我改稿，我都是立刻修改，修改到讓人滿意為主，多謝了我主管當年真的是恨鐵不成鋼。這樣的工作習慣和態度，讓合作過的廠商對我的文章品質都很滿意。

2. 在哪工作，就在哪學習

　　很多主管跟我抱怨，現在要找到對的人，好難！年輕人很有個性，還有比自己在公司資深的下屬，比起白紙更不好管教。

　　一個主管跟我說，有個女下屬因為不服氣他空降，處處不配合，找上我求解。但我只覺得這個下屬很沒有智慧，跟自己主管搞不好，簡直是把自己的前途給葬送了。

　　哪怕她對你不服氣，做了六年沒升遷，只是大主管覺得她不夠格而已。我告訴朋友應該主動跟她溝通，讓她有行為的改變，光生悶氣沒用。

　　也很多員工很愛跟我談公平這件事情，來問我調薪怎麼沒有他？怎麼升遷遙遙無期？坦白說，真相就是如此赤裸殘酷，你主管只是覺得你現階段的能力不值得擁有。

　　公司資源有限，能不能分配在你身上，**一切是看你**

主管幫不幫你爭取，還有你是不是公司不可多得的人才。

員工一般常用的招數，是用離職來威脅加薪，但結果大部分卻是就讓你走，絕不挽留。

在公司的時候，有一個高層的下屬被挖角、決定要跳槽，他的主管是立刻叫大主管發信直接加薪 10% 挽留，還真的是我在前東家少數離職被加薪的個案。

每一家公司和主管都有自己的樣貌，我曾經有過做專案，卻因為其他部門不支持，而以做白工的結果收場，自己的心情當然也大受影響。

但離開了公司後，我才真正體會無論在哪工作，你所待過的公司、歷經過難搞的人事物，都會讓你成長。

也許你當下覺得很痛苦的事，回頭去看，不管哪家公司，人的問題都只是換了名字而已。

離職之前，可以的話先做滿一年，當你犯錯的時候，請你把你犯過的錯寫下來，準備一張教訓小抄帶在身上，先檢討自己。

過去在公司當人資，夾在員工跟老闆之間，我時常覺得很難做人。我其實也不是對公司做的每個決策都認同，但我奉行的一個大原則，**就是不必交朋友，但要被喜**

歡！

　　我喜歡觀察各部門的辦公室政治，不被下屬喜歡的上司總是員工流動率很高，主管看下屬不順眼的，又要人資趕他走，台灣職場無論勞資哪一方，都在這樣的惡性循環中，我卻很少看到檢討自己的人！

　　人在職場個性不能改，但行為必須改！當你練習先專心過好每一天，無論你在任何崗位上，都會變得更獨立、更自由。

💬 向上管理！跟你的主管互利共生

　　你不一定要喜歡你的主管，但**你的主管應該變成你的資源**。

　　有個學姊跟我說，她在公司從台灣主管換到外國主管，外國主管時常把她惹火，說她做事情不會一直回報進度，還要她每天提交寫進度表。

　　其實台灣人時常犯的一個錯，就是很會默默默做事不居功，但大部分的主管都期待下屬主動回報進度。很有手腕的主管會故意找一些場合，像是全體員工大會，說說自己對公司多有貢獻。

大家不要以為定期彙報工作進度是一件很麻煩的事，**主動匯報進度、遇到的問題、甚至是還沒完成的工作，都可以讓上面的人放心很多。**

我在歐商服務過，很多英系國家的主管很在意定期回報。如果你有什麼突發事件沒有提前告知，他們會回信說他很「驚喜」，這是他們已經滿生氣時會寫的字眼。

即便是台商公司，台灣主管大多控制欲也偏強，公司文化還有些比較軍事化管理，更不相信員工能自律。

遇到這種主管，你做很多決策都不要自己亂來，應該請主管做決定。很多新鮮人常犯的錯，就是**高估自己的權限，越過基層的位置。**

你要主動跟主管說你遇到的困難，需要怎樣的協助，不要跟主管各做各的事，搞不清楚事情的優先順序。

還有不要用自以為的方法做事，超多主管跟我抱怨過這點，當你是個小職員，請你用主管教你的方法做事，不要有那麼多意見，台灣老闆要的是配合度高的員工。

如果你已經比較資深，做到小主管或中階主管，跟老闆開會前，更要在討論問題前，心中先有 plan ABC，在開會中踴躍發言。

我主管很早就訓練我，開會別帶個空腦袋來找她。**公司要的是能積極解決問題的人，而不是只會做事的普通員工。**

我時常提醒身邊的朋友要懂得換位思考，在回答之前，想想老闆要的是什麼，或許你就能豁然開朗。

做到要帶人的階段，除了要懂得向上管理，你的下屬更要能成為你的幫助，體現你的領導力給長官看。要能做到上下都滿意你，你才能稱得上是個堪用的主管。

大膽找主管談升遷和加薪

為何我會有上述這麼深的體會，應該從我第一次負責公司調薪開始說起。

我收到調薪的名單，跟主管對看了一下，坦白說有些人被調很多，我們不覺得能力真的很好，沒被調的人，也不見得能力差。

被調很多的員工有個共同點：**他們都是向上管理的高手，跟主管的關係不錯。**

跟大家說這個真相，是希望可以點醒你：**你跟主管的關係不好，升遷和加薪是絕對無望的。**

後來有個員工私下來找我，問我說為何她上次沒被加薪，我都不敢跟她說，你主管被加了 10%，只因為他實在太會向上管理，而且很敢開口說他要加薪；但他的下屬都是恬恬吃三碗公默默做事的小媳婦，自然沒份。

直到他的主管即使被加薪還是跳槽後，我跟他說你剛好等到機會升遷，名正言順地去為自己加薪成功，還偷偷感謝我指點迷津。

大多主管不見得好心到為下屬爭取調薪，尤其是當公司資源有限時，你難保主管不會基於人性，要公司先幫他自己調。就算主管願意幫下屬爭取，說穿了，主管也只會幫他自己喜歡的員工爭取。

真正聰明的員工，不會露出一付 Money Hungry 的姿態。

想要調薪升遷，最好的手段當然是叫主管開口，比你自己開口討糖吃有用太多。

跟大家說一個領導者－成員交換理論（leader-member exchange theory，LMX），是由於時間壓力，領導者與下屬中的少部分人建立了特殊關係，這些個體成為圈內人士，他們受到信任，得到領導更多的關照，也更可

能享有特權。

大家不難理解，每一家公司的主管可能會對某些下屬比較願意栽培。

前公司的主管 A 比較獨裁、高壓，底下有好幾個資深與年輕的下屬，他就特別欣賞某個年輕、脾氣很好的女生 B。

其他比較資深且個性強勢的女主管跟他處得不太好，很快就離職，但這個 B 很快從助理升遷成了業務。這樣的故事在每家公司都會上演，只是換了主角。

說了那麼多真實的個案，是希望你在江湖的一天，就別忘記主管主宰了你的前途。你不見得要認同主管所有的作法或管理風格，但你必須具有彈性找到跟主管能相處的方法和大智慧。

主管也是人，就算主管再怎麼偉大，努力想去做到不被講話，他終究還是會受到情感影響的凡人。如果他看你不順眼、不喜歡你，你就很難優秀。

想要特殊待遇，你首先得成為一個能幫到公司的人，因為人性最終還是等價交換。

3. 在公司請培養產業知識和昔日戰友

　　我們的一生中遇過無數個主管，有些你記憶深刻、偶爾會想起，有些則像路人甲、你對他沒什麼印象，甚至是恨不得罵他三字經。

　　如果你遇到的是刻骨銘心、會讓你心懷感恩的那種老闆，這段關係隨著你離職而結束，在心理上，這個關係會伴隨你一生，因此在公司時，你應該好好把握那種願意提拔你、教你的佛系主管。

　　前面提到可以的話，盡可能還是在任何公司做滿一年，為什麼？**因為你做得不久，是很難在業界累積產業知識和人脈資產。**

　　如今我去大學還有政府單位演講時，都不推崇學生去任何地方過水。**建議一家公司至少做兩到三年再跳槽，資歷相對完整，你說你有學到東西，相對也有說服力。**

我們人資看一個人的資歷，大多一個職位看三年，一個產業看五年，但我前陣子去幫社會人士做履歷健檢，發現很多人也不是剛畢業的弟弟妹妹了，卻不知道自己要做什麼。

　　一堆 30 幾歲的社會人士，卻每份工作都做幾個月，產業別也不盡相同。除了履歷很難自圓其說外，最大的問題是什麼都做過、什麼都不專精，有經驗的面試官一眼就能看穿你有多少能耐。

　　我有個同事跟我說，他在前東家做七年，以前的同事跳槽出去後，各自在產業龍頭擔任要員，你可想而知，他能夠獲得的人脈跟幫助，會跟在一家公司只做一年就走的人一樣嗎？

　　他的前主管後來成為某家知名外商的總經理，因為跟他共事過多年，也把他找去新公司。

　　回想起一個跟我合作過的單位，偷偷跟我說他曾經面試一個編輯，去很多同業都只做了一年，面試時說他在前東家都學完了，就決定跳槽，問我怎麼看這個人。

　　我說這個人很沒有智慧，在任何一家公司都只是學會皮毛，就說自己學完了，太過驕傲，還好沒有錄取他，

不然會是公司的隱憂。培養產業知識和昔日戰友，是需要時間的。

我從學生時代開始打工到出社會，在人生路上確實遇過不少昔日戰友，也逐漸離開一些情緒管理或人品有問題的朋友。

我向來不鼓勵你跟一群吃喝玩樂的朋友相互取暖。真的值得往來的人，必須能夠以身作則帶你成長。想要成為對的人，就要先跟到對的人，才會有好的發展，學到對的觀念。

💬 演講帶生意，提升名氣又可展現忠誠度

在職時更不要躲在公司裡，要積極的提升自己在業界的知名度，**最好的方式就是去演講。**

曾經有學生問我，在外面接演講，公司會有什麼觀感，於是我說很重要的是你當然要幫公司帶生意。

尤其你的身分是主管時，你更應該藉由演講展現你的附加價值，幫公司增加知名度、幫公司順便找人才啊！讓公司和自己都能揚名，一舉數得！

回首我身邊的大學老師，他們有業界跟學界的雙重背景，來大學教書，可以讓大學生提前與業界接軌，從中獲得業師指導，對學生來說也絕對助益良多。

　　我在碩士班時，學校也會邀請一些業界知名協會的人來定期演講。當時我問一個在金融業當人資主管的學姊是怎麼開始演講的，她說是加入協會，請她從義務演講開始做起。

　　當你不夠有名時，有機會就要上陣練習，不要太計較錢。有一些公司因為會跟大學有產學合作，甚至有長期合作實習機會，你的機會就來了。

　　你應該去學校介紹你的公司、分享你的業界經驗。老闆要的是一個能帶生意、資源回去公司的人，**因此不要忘記演講所花的時間，要能同等為公司帶來效益。**

　　我也幫朋友介紹過講師，更遇過出來演講是為了幫自己公司募資的新創老闆。

　　透過演講，你可以達到拓展客戶、增加品牌知名度等目的，每個產業總會有幾個大家總是叫得出來名號的人，他們大多是靠演講被人認識的。

💬 主持尾牙，讓所有人看見你

最後跟大家說，如果有機會，一定要爭取主持尾牙，讓所有人看見你！

公司年度尾牙，是主管們交際應酬的最好時機。我前東家有個紅人是某部門的總經理，當時因為疫情很多公司取消了尾牙，他還是跳下來籌辦跟主持尾牙。

我終於知道為什麼他可以每年考績都前幾名，因為他讓我看見勇於承擔的主管有什麼樣的大格局。

為了激勵大家的士氣，他還是跟公司說台灣要辦。且尾牙主持得好，很容易被公司還有全體同仁看見，而且能提升員工向心力。

大家都很忙，工作也以各自獨立作業為主，尾牙是大家能少數深入認識彼此的機會。

我前東家的總經理有一年決定接下尾牙，要全部的主管介紹自己的部門成員時，我才知道他的團隊中有一個是公司的最佳員工（Best Employee）。

他的部門雖是公司的核心單位，但都是工程師，默默做事居多，如果沒有透過他在公開場合介紹，大家也不知道除了老闆是紅人，下屬原來也是如此有存在感。

當你在公司越位高權重，尾牙就越要讓公司看見你，還有你底下的明日之星！

　　主管能在合適的場合中，讓大家間接知道這件事。同理可證，你能不能鼓起勇氣跟公司說你要主持尾牙，並不是一件簡單的事。

　　辦活動需要統籌規畫的能力，還需要讓全體員工有參與感，公司更會在此時獎賞一些員工的貢獻。

　　我強烈鼓勵大家，應該鼓起勇氣跟公司說，願意擔下這個重責大任，當一個有存在感的員工。

　　在公司，積極的有所作為，這樣當你在職的同時也累積了好自己的名聲，無形中就是在為你下一份工作超前佈署，離職的時候也不會空空如也，什麼都沒有帶走。

　　當然，無論在何處工作，都不要忘記隨時騎驢找馬，看看外面的機會。若有一天要離職，也請你跟公司好聚好散。

　　下一個章節我會跟大家分享，離職如何乾淨俐落、不被情緒勒索？下一份工作要在哪裡尋找，工作才會越找越好？

1. 上班不要做私事，公司其實都看得到。此外，不要輕忽向主管
   定時彙報工作內容的重要性。

2. 嚴格的主管會教出嚴謹的你，好好珍惜你的好上司。

3. 與你的主管互利共生，打好關係就不用害怕加薪失敗！

4. 盡量在一間公司做滿一年，累積產業知識和人脈資產，也能讓
   你的履歷表更完整。

5. 靠演講為自己打開知名度，也幫公司賺取好名聲。

6. 主動把握展現自己的好時機。人人避之不及的尾牙操辦，就是
   一個好機會。

第 7 章

隨時騎驢找馬，
離職也要好聚好散

在職的你應該力求表現，但也不要忘記，你還是要適時的看外面的機會，有空就去面試，才能知道自己的身價到底值多少。不要想離職的時候才看工作，此時都已經太晚啦！

當你在業界打滾越久，平常就要更與專業人士打交道。去聽演講、進修都好，難保有貴人出現直接幫你介紹工作。

若有一天你要離職，也請好好跟公司分手，甚至可以跟前東家、前同事保持友好關係。

好好維持自己的名譽，累積人脈存摺，都能讓你行走江湖不缺工作機會。

1. 有機會就去面試，
隨時看外面的機會

　　我的學生大多是 35 到 40 歲的中階主管，我發現**他們最大的問題不是能力不好，而是想走，但離不開任職已久的公司。**

　　很多人不知道，當你在一家公司超過五年沒有升遷、沒有輪調，你的競爭力是亮起紅燈的！

　　亞洲職場向來講究忠誠度，讓很多人覺得換工作很罪惡，我以前也是這麼想。但現在，我因為與多國的人資主管和同事共事後，有了不同的想法。

　　我觀察了公司能力比較強的員工，通常兩到三年會轉換跑道；而一直離不開公司的人，大多是因為出去後找不到同等待遇，所以只能原地等待。

　　殘酷的職場真相，是工作二到三年換工作的人，反

而學習曲線越高。

我不鼓勵超過 40 歲的人隨便換工作，但我卻鼓勵 30 歲不到的人，不要在一個地方待太久。

尤其當公司對員工的職涯發展沒什麼完善計畫時，我強烈建議你不要久留。因為長期下來，你很難有橫向發展的機會。

小公司雖然可以包山包海都碰，但大公司比較容易有完整的制度跟運作模式。

有一個學姊跟我說，她們公司的員工很聽不懂人話，老是想要打破規矩亂搞，是沒待過大公司嗎？我回她說，這些員工應該一直待著，從來沒換過工作吧？

我看過太多類似的員工，這些員工大多能力普通，且有養老心態，早就缺乏彈性，鮮少學習新事物，說穿了，就是在吃老本。

若你在公司只是溫水煮青蛙時，做著沒有什麼競爭力的工作內容，長期待下去，是為你的職涯加分還是減分？

你應該追求自身成長，甚過在舒適圈打油水。很多中年失業的求職者都是做久了不求進步、只求糊口，自然

被現實的職場淘汰。

我之前認識一個零售業的人資，40 歲還在做加退保，最後被公司資遣，跑來問我問為什麼？我心想你只安於做這種剛畢業的人就可以勝任的工作到中年，公司怎麼可能不找一個更便宜好用的取代你？

台灣人並不知道老外的求職觀念，是在職時就會去面試。講得直接一點，就是隨時騎驢找馬，比較不會長期一直待在一家公司。

時常出去面試有個好處，就是你可以知道自己的市場行情。保守的人把跳槽當成誘惑，但心態正面的人，卻把跳槽看成機會。

大家不知道，跳槽也有年紀的限制！獵人頭公司大多不會幫超過 40 歲的求職者找工作，原因很現實，就是老了！

當有人找你面試，我會鼓勵你抽出空、多去面試，不要輕易放棄每一個機會。

工作兩到三年後，請你每天花一些時間上 LinkedIn 關注職缺，主動拓展人脈，讓你即便還在職，也能輕鬆得到第一手的面試機會。

💬 參加線下活動，為下一次求職超前佈署

除了有一顆開放的心胸，隨時觀望職缺去面試外，我特別建議你多去聽名人演講，還有去參加不同的進修課程，培養興趣。喜歡讀書就去參加讀書會，喜歡跟同業學習就去加入公會等。

你不可能精通所有領域的知識，此時認識不同領域的業界朋友就顯得好處多多。如果你跟講師或同學打過交道，都是可以寄信請教的。

我每一次去演講，都會主動留連絡方式給學生。願意把履歷給我的人，我已經不知道幫了多少學生再轉介紹工作機會，或是轉介給其他主管朋友。

台灣其實有非常多辦活動的平台，像是 ACCUPASS 活動通跟 All hands Taiwan。

如果你對新創公司的職缺有興趣，ACCUPASS 上就有很多活動可以去參加；如果是在台外籍人士求職，我推薦你 All hands 的就業的博覽會還有演講。

我曾因緣際會被找去教外國人求職，結識他們的創辦人跟社員，其中有個在知名新創公司當 HR 的老外，他

的工作就是在線下活動被介紹來的。

　　停止當宅男宅女吧！這樣是很難找到好工作的。我自己也是參加進修課程時，意外認識了許多行銷、工程師以及財務主管。因為都有保持著不錯的連絡關係，所以我總能從這些人身上得到更多新知和機會。

　　我的粉絲團名稱就是一個做行銷主管的同學幫我取的，還介紹他的老闆憲哥給我認識。我從剛寫作到出書，也要感謝 Nikki 姊教我如何行銷自己。

　　我用親身經驗鼓勵你，參加線下活動不僅能讓你的生活多采多姿，還可以廣結善緣，為下一次的求職超前佈署。

2. 離職信這樣寫，展現高 EQ，留下好名聲

接下來談談，當你找到新工作準備離職，你應該如何跟公司說再見又不傷和氣？我從新加坡還有英國人資主管身上學到了離職的藝術。

這兩位都是很有智慧且高 EQ 的代表。英國主管的離職信，開門見山說有一個新工作機會很吸引她，她不能拒絕，還一直感謝她的主管是個 True Leader，精彩到當時我寫了一篇文章分享給我的讀者，點閱率也頗高。

英系國家的員工離職通常都很會講話，把主管捧到心甘情願讓主管放她走。這就是跟公司分手的第一招：絕不惡言相向，很符合她身為歐洲主管兼好媽媽代表的分手風格。

Dear Line Manager's Name,

As per our discussion today, I hereby serve my notice of resignation to you as xx position. I have thoroughly enjoyed my time at the company name and wish you and the team every success in the future.

This was not an easy decision; however I have had an opportunity come up that I can't refuse.

My contractual notice period is X months, however I would like to ask that I am released effective X date, which is X months' notice.

I will continue to handover and drive whichever business needs you require me to fulfil over the next 2 months.

I would also like to take this time to say a personal thanks to you for all the support that you have shown to me during my time at company name and for being a true leader.

Sincerely,
Employee's Name

　　新加坡主管提離職的方法就跟我同一套。我們都奉行勞資對等，離職本就是跟公司互不相欠的理念，於是就直接說我已經找到新工作機會了，直接算好通知期多久幾號離職，會做好交接，最後感謝主管的提攜。

　　這個手法可以說是簡潔有力，又讓老闆沒道理再拗你久留。畢竟真的會留的人根本不會走，想走的人早就計

畫已久，不是嗎？

　　當時我離開前東家，很多同事說我做得很好，問我有沒有被留，我坦白說自己的興趣還是在寫作，主管也知道。當時她跟我說，很開心我為我自己做了離開的決定，她會祝福我日後更好的。

> Dear Line Manager's Name,
>
> Please accept this letter as formal notification that I am resigning from my position as APAC HR Manager. My last day will be Oct 30th.
>
> Thank you so much for the opportunity to work in this position for the past five years. I've greatly enjoyed and appreciated the opportunities I've had to cooperate with HR teams.
>
> I'll do everything possible to wrap up my duties over the next four weeks. Please let me know if there's anything else I can do to help during this transition.
>
> I wish the company continued success, and I hope to stay in touch in the future.
>
> Sincerely,
> Employee's Name

　　大多的主管早就看過無數下屬離職，**他們在你提離職那刻，想的並不是留住你，而是立刻找到人取代你。**

大家並不知道，我在離職前因為受傷請了一段病假，這段日子主管就早以飛快的速度找到人。離職後還有主管跟我說你們家新人來報到了，我說正常啊！職場不過如此來來去去。

很多學生說她不敢提離職，我跟他們說香奈兒的創意總監「老佛爺」過世，集團老闆只花了一小時就對外宣布了接班人。

企業在乎的是獲利，而不是忙著緬懷誰的豐功偉業。或許你曾經做得很好，離開就是離開了，一切重新開始就好，最重要的是前東家讓你有什麼能力和經驗，幫助你出去好找工作。

⬛ 離職不用有罪惡感，好主管不會對你情緒勒索

前面講到的都是一些比較正面的個案，但我經手過非常多可怕的主管，下屬要走時會百般刁難再加上情緒勒索。

這一類主管說穿了並沒有為下屬的前途著想，只是懶得重新找人跟訓練下屬而已。

我曾經遇過一個高階主管，他底下有個妹妹做了一年半左右要離職，結果他臨時傳訊息給我，說妹妹沒交接完不准發薪水給她，但我當時早就系統設定好了，不可能為她一個人耽誤大家的發薪日。

後來我主管直接跳出來說不可能，要這個主管不要給我在那邊耍大爺，自己員工的事要自己處理好，不要為難其他部門作業。

身為人資，我時常看到人性本惡的一面。離職是很容易看出主管人品的，而且這個妹妹在職的時候都做得很好，我剛進公司很多東西還會跟她請教，剛耳聞她即將升遷，竟然要離職我也很驚訝。

那時候我很想跟她的主管說直接加薪，說她薪水太少了，不可以虧待人才。結果這個主管說他最多的妥協只能讓妹妹在家工作，公司就莫名損失了一個好員工。

如果你是主管，知道你的下屬要離職，你該做的就是簽字。更殘酷的是妹妹的主管道行很深，早就看上了某個約聘員工，要把她轉正，立刻找到一個我跟主管都覺得也不錯的下屬。

身為員工，不要高估自己在公司的重要性。在職的時候盡忠職守，你就沒有虧欠誰了。

💬 離職面談，該沉默還是建言？

在亞洲國家，員工大多跟人資隔了一道牆，怕說了真話被清算，於是選擇了沉默。結果讓大部分的員工覺得人資只會基於資方立場論事，卻不知道能不能說真話的關鍵是基於信任。

我前東家有個人資主管對員工很好，那時候我並不能理解，為何我主管總是要我一直省錢，她卻可以用錢解決任何事，讓長官還是離職員工沒話講。

後來我才發現，她是真正有大智慧的人，至少她願意在她的能力和權限範圍內不失民心，員工會感謝她。

回首看一堆主管，他們早就在東摳西摳過程中惹怒員工，完全沒有關懷到員工的身心靈，更不用說離職會對你講真話。

我訪談過一家知名外商的人資長，她們公司的總經理就是可以做到跟員工餐敘，解釋很多決策的背後邏輯，願意開誠佈公地對員工說明，而不只是隱藏問題。

大部分的員工想走，通常除了主管因素外，大多是沒有發揮的空間。比如我自己，就是因為覺得之前的工作無法讓我發揮所長。

跟大家坦誠離職原因需要過人的勇氣，好話人人都愛聽，但又有多少公司能做到真正聆聽員工心聲？

　　但我還是鼓勵大家，**離職就說一些對事不對人的真話吧！**給公司一些良心的建議，我相信主管會感謝你的。

　　我離開公司時，主管直接問我覺得什麼樣的人適合這個職位？我就說需要脾氣好，而且可以堅持做一成不變的工作，耐得住性子的人就非常適合。

　　我還直接跟主管說，就我的觀察，為何公司總是留不住年輕員工，是因為公司沒什麼輪調還是換工作內容的機會，要我一直做一樣的事情，但我的個性喜歡求新求變，並不適合。

　　也有其他員工反應過類似的問題，但我也沒有因此逃避，撐了幾年，努力學到堪用才離開。

　　我敢於說出心中最真實的想法，能幫主管找到下個更適合的人，這樣就對得起自己，也對得起公司！

　　離職不要害怕說真話，真正有雅量的主管不會反咬你一口。

　　當你的階段性任務已經完成，是時候找到更大的舞台歷練。離職最重要的是找到更適合自己發展的地方，每個當下對得起自己和公司，留下好名聲就好。

關於 Reference check，
其實很多人不會說你好話

前面說的誠實，不代表你可以失控。

我曾經處理過一個資遣員工，他本身就有許多問題，時常在上班時間看到他在偷懶，大家只是不說而已。

後來公司組織改革，他失去了工作，情緒管理有些問題，主管派我去請他簽字走人，必須速戰速決。

沒想到他說我可以不簽字嗎？我說不簽字，那我只能請你主管決定離職當天放不放你走了，你自己選。

這樣的員工對主管、人資態度都很惡劣，人家想幫你都很難。後來尾牙有個同事跟我說他去了哪間公司，不好的名聲時常傳回前東家。

每一家公司總會有幾個被黑掉的員工，在徵信調查時，前東家只能語帶保留，但大多數前主管都不會講你好話，尤其當你是被資遣的情況。

你知道為什麼嗎？因為公司大多是資遣主管不喜歡的下屬。公司要你走，身為員工的你基本上只能拿著公司該給你的資遣費，交接完離開，最好別語帶憎恨。

同樣是差點被資遣的員工，有人真的因為好好做

人，而被主管救了一命。那時我才來公司不久，被我跟主管看到分公司的某位財務被列入了資遣名單。

那個財務時常幫我主管處理當地的行政作業，後來我主管就跟大主管說要留下她。只能說大部分的人資、公司高層眼睛都是雪亮的，我們都知道誰有在做事。

人在職場，除了好好做事外，更重要的是好好做人。當你在業界越資深，就越要好好愛惜羽毛，不要讓前東家有機會講你的壞話。

Reference check 可大可小，我跟主管還遇過打來問薪資的，我們基於職業道德，通常只會平衡報導。

某位教過我求職的總經理，就跟我說過有些人在公司情緒管理有問題，還是中飽私囊收回扣，被抓到後出去都找不到工作，所以提醒你，隨時都要注意自己的言行舉止。

3. 工作越換越好的 4C 原則

　　離職除了要高 EQ 分手，平時也要多看看外面的機會。很多人來問我怎麼讓工作越換越好？我提供轉職前的 4C 原則，幫你評估下一家公司是否能為職涯加分。

　　• 4C 原則：公司（Company）、職涯發展（Career）、企業文化（Culture）、薪資福利（Compensation）

　　如果這四個向度都比起你的現職公司更適合現階段的自己，我會覺得跳槽對你有利。
　　換工作最重要的是要有更好的發展，而不要是為了逃避問題，因為你難保未來的問題不會再發生，也不要去任何一家公司都蜻蜓點水，就說自己學完了！
　　我有個學生也是人資，她比喻換工作就像嫁人，我

覺得再貼切不過了。

換工作時，每個人或多或少都想高攀，但說到底，求職也只能追求價值觀上的門當戶對。

部分的求職者汲汲營營想進大公司，也確實我身邊待過產業龍頭的人，跳槽後薪水都漲了不少。

就一般公司人資或用人主管的觀點，大多也還是會優先網羅大公司出來的人才。原因無他，只是當我們能了解你的時間有限時，至少能確保你有一定的品質。

我前東家就特別偏好四大會計事務所出來的財務人員。沒有相關經歷的人不一定能力差，但薪水確實就沒有一開始給那麼好。

如果你現在在小公司就職，直接跳槽去大公司，確實能在自己履歷上貼上正面的標籤，增加自己的格局，會帶來絕對正面的影響；但我沒有覺得一定要畢業先去大公司或小公司。

我反而比較建議你可以都待過。我遇過大公司出來不好用的，也有小公司出來表現很好的，最重要的還是回歸到不論在哪裡工作，你都要努力累積資歷。

說到跳槽，一般人不外乎為了錢。確實出來工作，薪資當然是求職者最關注的。

一般跳槽薪資漲幅大約 20% 到 40%，但很多人太天真，如果一家公司突然給了你高薪，要你立刻跳槽，你反而要更注意資方打著什麼如意算盤。

　　高薪背後的真相，通常是要你救火或建立新制度。我之前有個同事，一直抱怨薪資太低。離職前，他跟我說新公司為他加薪 40%，但才沒多久，回來聚餐時就說新公司制度一團亂。

　　天下哪有白吃的午餐？高報酬當然也就意味著高貢獻。建議你不要單看薪資的漲幅，忽略了新工作為何需要高薪聘你救火。

　　除了公司規模跟薪資外，很多人忽略了職涯發展（Career）跟企業文化（Culture）的重要性。

　　在業界越久，你會發現很多大公司可能看起來光鮮亮麗卻留不住人，原因出在公司的文化不適合自己，也很難勉強相處，長期待下去。

　　因此轉職前，你必須優先考慮新工作是否有新的歷練和價值。誰都不希望自己的發展走下坡，公司是否能給你更大的舞台和資源，讓你去做你想要的事，決定了你是否在公司有能見度。

曾有個人資長跟我說，他們公司不是靠薪資，而是靠尊重員工的企業文化和價值觀留住人才。由此可見，**選擇一家文化適合自己個性的公司非常重要**。

人資跟用人主管從來不會找跟公司「氣口不合」的人選進來公司。

進入公司後，員工勢必得接受公司的價值觀。除非你自行創業，不然受雇於人，你只能找一個企業文化跟你相符的公司，努力工作跟著主管好好學習。

公司文化無其不有，日商以工作態度嚴謹著名，重視忠誠度；美商則大多短視近利，績效導向；歐商大多年假多，比較在意工作與生活的平衡；台商跟日商比較像，講究穩定度。

轉職前，你最好多善用人脈打聽公司的企業文化，進去前多看缺點，進去後多看優點，以免水土不服。

我看過太多外商出身的經理人去了台商，或是台商去外商發展的員工才發現不合適、不長久。企業文化就跟人的個性一樣，沒有對錯，好壞端看個人能不能接受。

另外，我個人轉職最在意的是職涯發展。

職涯發展看的是工作內容，工作內容做什麼，有無

帶人經驗，這才是你未來增值的關鍵：要從執行的角色轉換成做策略的人才。

大多公司要的是即戰力，不能等你慢慢做出貢獻。跳槽前應該先累積底氣，所以很多人喜歡談長遠的職涯規畫，但多數人都想太遠了，不如每年好好問自己現階段要的是什麼？你想要在現在的公司做多久？你必須要做出目標設定和人生規畫。

出社會後，請為你的職涯發展負責，好好為自己想吧！新公司如果能給你新的歷練、大型專案、帶領下屬，願意接受挑戰的人就能獲得成長。

有些朋友很愛抱怨現職工作，卻又怕離開現在的公司也好不到哪去。我聽到這種話時都會反問對方，還是把問題回歸，**看看離開後你能去哪裡吧！**

我在公司看了太多員工來來去去，優秀的員工自然越找越好，還看過出去自己創業的；能力普通又中年失業的同事，也有人半年找不到工作。

職場是很現實的，當然是越早找到合適的工作最好，換工作最大的機會成本從來不是金錢，是時間和重新適應新公司。

以台灣的職場環境來說，對於頻繁換工作沒這麼友善，光是去面試就很不好請假，所以訓練自己看工作、主管的眼光也很重要。

人要為自己的選擇負責任，轉職、離職前想清楚你的4C，我相信你的工作能越換越好。

💬 跟前東家、前主管保持友好

知道了工作越換越好的大原則，教大家一個跳槽又快又好的方法：**回頭找欣賞你的前主管**。

我一再提及不要跟前東家撕破臉，就是因為身邊有好幾個前同事，竟然離開公司是回鍋前東家或投靠前主管。

他們跟我分享離開了前公司，才知道前公司的好，因為也不是每家公司都能找到欣賞自己的主管。

很多人問我，是先有千里馬還是先有伯樂，我會覺得是先有伯樂，才有千里馬的，我身邊很多主管底下缺人，大多第一時間都是挖自己的愛將回鍋，屢試不爽。

更有一些公司有「離職員工回任制度」，甚至邀請離職同事回來聚會，這時候機會就來了！

工作機會是靠人帶進來的，前面章節不斷說求職要有人脈，現在應該要跟大家補充為何要回頭找東家主管。

　　這年頭的主管也非常怕看走眼、用錯人，最多主管跑來問我的問題，就是如何找到對的人，非常多主管都有這個煩惱。

　　這年頭，要找到一個堪用的人都不簡單啊！透過人力銀行收到一堆履歷，人選品質良莠不齊，而共事過的人不用再重新磨合，也知道彼此能力和管理風格，所以成為首選。

　　公司找人當然優先請內部同仁介紹，很難保你的主管不會想到你，如果你過去都表現不錯。靠內推介紹來的，大多都做得比較久，也表現得還不錯。

　　我剛畢業進公司時，公司找人大多是近親繁殖，挖關係企業、挖前同事、挖同產業的熟人，我朋友在一家美商公司擔任工程師，他也拉了很多共事過的朋友進公司，說穿了，就是內部員工介紹好處多多。

　　一般求職者並不知道，招募是一件曠日廢時的事，內部員工的直接介紹，可以幫公司省錢、省麻煩、加快速度、增加安全感。

我前同事跟我說，他後來跑去前東家主管的公司任職，只因為他以前的主管做到總經理，已經混得很好，在公司呼風喚雨，自然能提拔他。

　　他還跟我開玩笑說，我都已經點醒你了，哪天記得跟我用同一招找工作。所以大家，請別跟前東家和主管斷了連絡，有時候繞了一大圈，還是前東家最好。

💬 前同事都是好朋友，關鍵在於真心祝福

　　我身邊靠前同事找到工作的經驗談，也不勝枚舉。

　　我的好朋友做人處事很成功，同事離職都會貼心送小禮物跟卡片，真心祝福別人，在人情淡薄的職場，多少人做不到，也因此有很多前同事介紹面試機會給她。

　　找工作這件事情，也是需要有來有往的。

　　每個人都有想離職轉換跑道的時候，想要人脈在關鍵時刻為你所用，你還真的要平常先幫助人。

　　我自己送走了很多員工，也經歷過離職，我體悟最深的一件事就是無論在哪工作，都要對他人抱持好感跟希望。

當你能夠帶領身邊的同事或朋友成長，這些正向的循環，都會在哪一天變成了善緣，成就自己。

　　很多人說我很幸運，遇到的主管、同事大多都對我很好，願意教我很多事情。說到底我只是付出得多，計較得少而已。

　　有一次我去訪談人資長 Emily，她說到了一個年紀跟資歷轉換跑道，多數求職者更在意的是一家公司的人和，有沒有樂心助人的文化。

　　很慶幸我在前東家的同事都很樂意互相幫忙彼此，所以當我有能力的時候，也願意分享自己有的機會和資源，希望你也可以從自身做起！

　　前面說了很多，都只是在公司內部好好經營自己，讓自己出去好找工作，有個好名聲而已，下個章節我會跟你分享，如何在業界打造更強大的個人品牌，讓自己在業內、業外都能建立名氣！

　　我會不藏私跟大家分享我是如何經營我自己，讓機會看見我！

1. 不要害怕離職。當你在一家公司超過五年沒有升遷、沒有輪調，競爭力是亮起紅燈的！工作二到三年換工作的人，反而學習曲線越高。

2. 超過 40 歲的人，請不要隨便換工作；但 30 歲不到的人，不要在一個地方待太久。

3. 利用參加活動拓展人際圈，隨時為自己超前部屬。

4. 離職可以對公司誠實給予建言，但對事不對人，也要注意發言不失控，不要斬斷了自己所有後路。

5. 一般跳槽薪資漲幅大約 20% 到 40%，但要小心高薪背後隱藏的訊息。

6. 離職前想想 4C 原則，讓你的工作能越換越好！（參考 P239）

第 8 章

如何打造個人職業品牌，
讓職涯充滿無限可能

前面講了很多攻心的求職技巧，其實人在職場，最重要的還是要把自己當成一個品牌去經營，機會才能源源不絕，也不用那麼辛苦，想這麼多話術去說服面試官錄用你。

我會建議你，越早開始培養自己的「職場三力」：寫作力、演講力以及人脈力，越能讓你在行走江湖時，快速打開在業界的知名度。

在這個章節，我想跟你分享靠著這職場三力，我是如何從第一份工作離職就成名，從一個小小的外商人資，搖身一變成為各大媒體轉載不斷的專欄作家。

1. 寫作力：用專欄建立你的專業地位

　　想要打造一個強而有力的個人品牌，**我會先建議你培養「寫作力」，從分享自身的專業開始著手。**

　　老實說，一開始寫文章，我並沒有什麼想要成名的高昂鬥志，只是想分享一些自身經驗和專業，幫助一個朋友 C 談到滿意的薪水而已。

　　當時 C 開始了她的第一份工作，除了薪水不太滿意，後來還因為公司改組，被迫去找新工作。

　　當時，她沒有一個信得過的人能給她專業的職涯建議，於是我就大方幫她開了月薪五萬去談，合約也是我幫她看的，結果後來她的薪水獲得四萬八，年薪十三個月，非常滿意。

　　這件事情真的讓我很有成就感！也讓我發現原來台灣人大多真的不太知道自身價值。

沒多久後，C又對獎金不滿，又找上了我，想搞清楚獎金到底背後是如何決策的，於是我寫了一篇文章，教大家如何計算年終獎金。

　　這篇文章意外爆紅，各大媒體專載不斷，讓我頓時聲名大噪，還陸續接到了各大政府單位和大學的演講。

　　這一切都是無心插柳的結果，一開始我不過只是幫助朋友，解決她的問題而已。

　　我相信每個人或多或少，都有一些自己的故事想要分享，但如果你寫出來了，自然跟沒有寫的人拉開差距。

　　我一開始寫文章，還真的只是興趣，加上有許多朋友來問我包山包海的職涯問題，所以我嘗試在文章中解決各式各樣的問題，並持之以恆寫到變成專欄作家，自然就被對的人看見了，機會也就來了！

　　你的文章就跟你履歷一樣，只要夠好，自然能吸引你的伯樂。

　　請鼓起勇氣去投稿，現在的各大媒體其實都很缺稿，只要你願意持之以恆，培養你的寫作力一定會有幾篇讓你圈對粉，意外獲得你沒想過的機會。

　　不好意思跟大家說，其實我也就是持續投稿給網路

平台，投稿到第 39 篇時才接到出版社的出書邀約。

　　職場只有敢秀愛現的人會贏，太謙卑只會讓你與機會擦肩而過。請從今天起訂下目標，一個禮拜寫一篇文章投稿，回收會超過你的想像。

　　我開始寫作一年後，就有知名外商人資長指定我採訪寫稿，當雇主品牌推手。這一切都不難，只要你願意付諸行動，你也可以。

🗨 向大家展現真實的自己

　　在網路的世界中，想要勝出，還想跟讀者建立長期的信任關係，除了持續寫作外，你還要向大家展現真實的自己。

　　有個行銷主管跟我說，她曾經找過一個很有名的專欄作家做職涯諮詢，但後來實際見面後，發現這個作家跟網路上呈現的形象天差地遠，還對她身家調查，根本沒有要解決她的職涯問題。

　　她當下就生氣了，再也不相信網路名人，直到因緣際會找上了我諮詢。我盡責地幫她介紹一些靠譜的獵人頭還有提供相關的產業資訊，更鼓勵她既然大學念傳播，學

有所長，應該也出來寫文章，讓大家看見她。

因為我實際的去解決她的問題，協助她自身成長，而不是有所圖，所以我們到現在都還是很好的朋友。

想要長期有個好名聲，你最好表裡如一。此外，我覺得我能在網路的世界快速有能見度，最大原因是我不講場面話，跟一般人對人資的印象很不一樣。

我是個個性很鮮明的人，講起話來也很直來直往、不矯情，一開始要寫文章，就給自己一個強而有力的定位：要站在勞方立場，寫出勞方的真心話。

我的文章大多是站在人資的角度，揭穿不為人知的職場資方真相，因此讓很多人產生共鳴。

我既沒有隱瞞我真實的個性，還不吝嗇分享只有我才能看到的職場真相，所以能在已經非常競爭的網路世界中，找到自己的藍海市場。

當然，我自己也不是什麼聖人。我在公司犯過錯、受過委屈，我還是那個要當資方打手的小妹，但這些讓我一言難盡的經歷都成為我寫作最大的賣點。

一直以來，我不忘初衷地寫作，目的都是為了當你的良師益友，幫助你看清職場真相。

我在任職的第一家公司發過非常多員工資遣費，但我卻還能跟前同事成為朋友，關鍵在於我會私下點醒員工一些事，讓他們日後不再為過往的職涯問題所困。

　　我是勞方，卻又代表公司立場，所以我才能真正帶著同理心來聆聽這些求職者的職涯問題，然後把這些問題當作自己會遇到的問題，尋找答案。

　　所謂的做自己，是去自由擁抱真正的個人選擇，持續朝正確的方向努力前進。做對的事情，同時不自我設限，如果你能做到這裡，很多人就會發自內心的尊重你，喜歡真正的你。

　　如果職場是慧（會）眼（演）識（是）英雄，那我可以為公司演出一個無可挑剔的員工；但同時，我也為自己演出一個抱有善心、為同事們著想的好朋友。

　　所謂的做自己是有前提的，你必須先以身作則，才能名正言順、以理服人。

2. 演講力：建立品牌，
輸出靠專業和態度

當你文章累積到一定的量，**我就要鼓勵你走出去演講，增加公信力，說出影響力。**

回想起來，我第一次接到演講，是經營粉絲團七個月左右的事。當時學弟 Archer 負責一個教育部的人才計畫，主題是協助外籍人士受雇。

這雖不是我的強項，還要全英文演講，但我還是鼓起勇氣，想說不懂就趕快學起來就好，覺得機會難得，一定要上陣挑戰。

後來我也因此想到，我多年前在台科大跨校修課時，有一位總經理 Alex 非常擅長中西方求職觀念，於是就直接發信給他，沒想到得到意外的協助，還學到非常多新的 LinkedIn 求職技巧。

因為準備周全，演講時老外也很捧場，反應熱烈，甚至我還幫一個法國女生找到工作，認識了很多真心愛台灣的外籍學生。

我希望大家都不要低估自己的影響力，有機會一定要出來演講，讓更多人認識你。

每個人都有自己的專業和產業經驗，分享能夠讓你有助人的成就感，還可以被貼上正面的標籤。如果你不知道怎麼開始，就先從毛遂自薦開始找機會就對了！

💬 歸零學習，就會有很多貴人點醒你

除了前面說的要去演講外，你要有分享的本錢，就得對各領域的新知充滿好奇心，不停止學習。

去演講時，我從來沒有隨隨便便上陣過。我事前都會看很多相關的書，或是做完簡報請朋友看過，讓他們給點意見，甚至去請教比自己更資深的人，就是希望自己可以每次越講越好。

講完第一場演講後，我大學實習時認識的主管找我回前東家演講。我們多年不見，他只記得當天我講得很好，士別三日，令他刮目相看啊！

大學畢業後，我們很多年沒有連絡，演講當天他親自出現聽我演講，還給我如此肯定，當下我真的滿想哭的，也覺得長官真的很願意跟年輕人學習、給年輕人機會。

後來我再度回鍋前東家，唯一的感受就是沒有什麼懷才不遇，年輕人說自己沒舞台，估計只是懷才不夠而已。

每天都要進步，不然就是退步。大家可能以為出來演講是一件容易的事，但我自認背後付出很多努力，用各種管道增強自己。

我並非天資聰穎，更屬於勤能補拙型，我怕大家覺得我 30 歲不到，看起來不夠成熟穩重，還去請教了美姿美儀老師 Cleo，學習打造一個符合職場作家的形象。

行銷則是請教了前同事 Ken，他鼓勵我拍影片、把照片放在粉專等，做了很多新嘗試。

其實無論是行銷還是美姿美儀都不是我的強項，但說到底，**我只是比較尊重專業，願意彎下腰桿去請教別人而已。**

跟不同領域的人學習總是能有很多收穫。出社會

後，最可怕的就是活在自己的舒適圈，覺得自己什麼都很厲害，聽不進去外人的意見。

如果你希望自己能夠越來越強大，你應該要有過人的努力，去學習新的領域，並擴大舒適圈，跟更多人交流。

從中你不但能擴大你的認知，更無形中拓展了自己的人脈圈。

3. 人脈力：拓展弱連結，但拒絕無效社交

　　當你前面的寫作和演講都做到一定程度，不需要汲汲營營，自然就會吸引到認同你的人，這時候再來談人脈也不嫌晚。

　　想要有優秀的人脈，前提你得是個有價值的人。社會是很現實的，想要高攀誰，都不如自己夠強來得靠譜多了！

　　跟大家分享一個人際關係的原理原則：自我呈現論，**意指人與人之間，是透過自己的言行向他人呈現自我，並將較好的自我形象呈現給他人，自然可以無形中控制他人對待自己的方式，最後達到影響他人的效果。**

　　透過這個理論，你應該不難理解想要擁有好的人脈，你必須先有一個好的自我形象，人脈不過水到渠成。

前面提到我第一場演講和第二場演講，都不算熟人引薦，反而是平時沒有太多交集的人找上我，而**這類的人際關係，被稱之為弱連結。**

我時常鼓勵大家走出去，延伸陌生圈子的朋友。因為這類的人跟你沒有情感枷鎖、注重合理性，所以無論是求職還是介紹工作機會，他們反而更願意幫助你。

注意，人脈並不一定跟好朋友畫上等號。你的好朋友多半是同溫層，反而很難帶給你新資訊。但人脈最重要的就是交換情報，所以兩者可能有所重合，但不一定是完全的等號。

有個小小的提醒，請遠離那種到處喜歡占人便宜、拗人免費的假人脈。

不尊重專業的人，說穿了都只是圖利自己。真正的人脈必須是對等的，還要能夠一起成長。

我相信每個人身邊或多或少總會有一些人脈王（key man），記得要跟這種人建立連結，你一定能從這種人身邊再認識新的人脈。

大家可能都知道人脈很重要，卻沒想過如果自己不先強大起來，在關鍵時刻又有誰願意幫助你？所以接下來

我要來大家談談好好做人，要先幫助別人的重要性。

成就別人，樂於助人

人脈不是經營出來的，而是比較像存款，自己要先無條件的幫助別人，哪天才能提款，不然你只會剩下負債。

有一種人脈很可貴，就是對方看見了你的潛力；但大多時候並不會有人願意「免費」幫你，我自己也吃過一些閉門羹，說到底，還是當年的自己不夠有能力。

有個台大畢業的妹妹跟我說，她畢業時碰到疫情，非常難找到工作，是厚著臉皮求老師，好不容易才得到一個外派越南的工作，卻跟她自己想發展的方向不一樣，甚至跟她有瑜亮情結的同校學姊也在她即將入職的公司，可能不會給她好臉色看，於是她苦惱地找上了我。

我跟她說，在我畢業那年，我低下頭求了一個業界關係不錯的老師，但他根本就不想幫我，還說我能力很好、可以自己找到工作。

後來，我確實靠自己找到了工作，可是這件事情也讓我看清，人只有自己強大起來，不然只是紙上談兵而

已。

　　我靠自己找到工作後，也很幸運地遇到一個好主管。我剛入職時，她跟我講了一句話：「我很嚴格，但我一定會讓你出去好找工作。」

　　她真的說到做到。她不嫌棄我不會財會，直接跳下來教我；我說我要出來寫作，她說我相信你一定會寫到成名，所以我從一畢業就一直跟著她，直到我提離職那天，我真的就要出書了！

　　我的主管是我最好的榜樣，她雖然非常嚴格，讓我壓力很大，但總是成就下屬，以身作則，也是我遇過最正直的人。

　　我後來有了一些能力，開始接到演講，也跟其他公司有合作機會，自然能幫身邊的人引薦一些機會。

　　我都跟學生說，只要你願意相信我，可以隨時寫信給我，在我能力內，我都會盡力協助。於是這位台大畢業的妹妹寫了一封信給我，讓我非常感動。

　　她說還好有遇到我，也有乖乖聽進我的建議，努力工作增強自己，現在在公司也過得蠻好的，我也真心祝福她。

我很幸運遇到一個好主管，所以當我有能力時，我也一樣願意付出。但好主管、好老師可遇不可求，不如就從自身做起。

　　我之前幫一個法國女生介紹去一家知名外商公司，有人問我，為何我要那麼好，竟然免費幫她？原因無他，只是知道求職靠自己很辛苦，更何況她還在人生地不熟的台灣。

　　很多人出社會只會跟身邊的人做君子之爭，但我奉行成就自己靠的是努力，成就別人靠的是格局。

　　你的格局有多大，就決定你能成為什麼樣的人！所以當我有了一些能力，也願意指點身旁的人，讓我走到哪，都獲得好人緣。

　　快從自身做起，幫助別人吧！當你願意先無條件的幫助別人，帶領身邊的人更好，別人自然也會幫你貼上正面的標籤，哪天你有需要，人家自然也會比較願意幫你，甚至有什麼好機會，也會先想到你。

4. 個人品牌，
是靠強大執行力磨出來的

前面跟大家分享了職場三力，最後我想跟大家說，要打造成功的個人品牌，關鍵說穿了還是在於「**執行力**」！

寫作、演講、拓展人脈，你若不去執行，怎麼能夠做出一點成績？當然永遠只能看著別人的車尾燈。

很多人跟我說，很難想像在我的年紀，就出來演講跟寫專欄。這其中的關鍵，還是在於你能否嚴格要求自己做出績效。

做任何事情都要訂下目標，一定要去執行。像我自己，無論在公司工作，還是基於興趣寫專欄，我都會寫下我的年度目標，並且每個月都會要求自己至少看兩本書，聽一場演講，直接跟大師學習。

學任何東西，我都是從模仿典範開始。很多人無論在公司還是發展個人品牌，都想急於求成，但不願付出代價。

想把夢想當飯吃，從來不是容易的事，成功不會是偶然，必須付出許多努力。我自己的標竿，就是保聖那的總經理 Alex。他的書影響我很深，我也就是看了他的書，才學到原來去演講跟寫專欄，可以增加自己在業界的知名度，然後就腳踏實地地去執行。

寫了一年三個月後，我認清了自己的個性並不適合躲在一個角落當幕僚，興趣也不在此，於是才提離職。

沒想到提辭職那天，我就接到邀約了，當下看到出版社找我出書，以為自己在作夢。

回想起一路走來，多不容易。剛成立粉專的時候，只投稿幾篇文章，根本沒人會認識你，很慶幸我選擇堅持下去，圓了大學時代的作家夢！

除了專業外，培養跨領域的能力

前面說了很多有關建立個人品牌的心態面還有執行面，要點醒大家，這個年代只會單一專業已經缺乏競爭力

了，**現在企業要的不再是專業分工的 I 型人（一隻腳），而是專業多工的 π 型人（兩隻腳）。**

回想起，我考碩士的年代就已經開始提倡 π 型人的勝出之道。

現今很多年輕人都想當斜槓青年，卻搞錯了斜槓的意義。**斜槓不是包山包海樣樣通，而是要先專注兩個領域，先做起來就好。**

我時常鼓勵職場人士培養雙專長，或是發展斜槓也很好，從中你都能因為跨界學會不同的東西。

但培養專長的目的不是為了自我滿足，而是為了能在工作中積極解決問題並提升個人附加價值，甚至還可以在老闆眼中拉大個人差異性，凸顯個人獨特優勢。

就薪資的角度來說，誰專業能力越強，收入就跟著增加。但在專業能力相當時，誰知道的跨領域知識越多，年收入就更好。

憑什麼？很簡單，當你手握的鑰匙越多，可能開啟的新機會之門也就越多。

以我自己為例，為何台灣有這麼多人資，知名外商人資長就指定我採訪，幫她的公司寫文章、打求職廣告？

除了我有人力資源的專業知識外，更因為我有強大

的寫作力，還懂得經營自媒體，甚至我合作過各大媒體平台，累積了媒體界的人脈。

找我寫文章還可以順便幫公司揚名，試問哪個老闆不想要一個現成又能幫公司打廣告的金牛？

鼓勵大家，先精進第一專長，再學習第二專長，最後貫通兩大專長，像我一樣尋找發揮舞台，相信不久後的你，也能發光發熱。

回饋母校，獲得好名聲

前面做了那麼多努力，當你累積了一些專業和名氣，應該回饋母校，將你的業界經驗、人脈帶回去校園跟學弟妹分享，樹立一個好名聲。

我輔導過很多中階主管轉職，發現他們都很優秀，但是太謙虛了。我都鼓勵他們，你很棒，應該找到通路行銷自己，而最容易給你機會的地方，當然是你的母校。

回母校演講好處多多，老師還會覺得你這個人懂得知恩圖報，而且為人正派。

當然我也很鼓勵你就讀 EMBA 還有參加校友會活動，這些都是你很好的機會，能夠曝光自己，拓展新人

脈，這些人又是你的學長姊，大多會比較願意幫自己人介紹工作機會或商業合作。

跟大家聊聊我跟許總怎麼認識的，你一定會很吃驚。我讀碩士的年代，台大、台科大跟師大已經是三校聯盟，一個台科大的學長拉我去跨校修課，說有一堂課會請各大公司業師，叫我一定要去。

最後一堂課，就是許總傳授面試技巧跟履歷撰寫。我最有收穫的一件事，就是求職要厚臉皮，當下我就鼓起勇氣，決定去跟他要一張名片，因緣際會就認識了他。

去了台科大上課，才知道其他講師都是靠他的業界人脈邀約過來的，還發現許總出過非常多求職的書，每一本我都看過，也就找到工作了，而演講跟專欄在我任職第一份工作期間，也都做到了。

每個人都充滿正面影響力，千萬不要低估自己，快去聯繫你的母校，回去演講，一起說出影響力吧！

🗨 當組合式工作者，職涯多采多姿

首先跟大家聊聊斜槓的原始概念。這幾年，人人趨之若鶩的斜槓青年，這個概念最早是由世界知名組

織管理大師韓第（Charles Handy）提出的「組合式生活（portfolio life）」。

所謂「組合式生活」，是由有酬工作、家庭生活、公益服務和有目的的學習組合而成，再融入休閒娛樂。

比起一份固定上下班的工作，組合式生活更多元、有意義，且能達到工作與生活的平衡。

他預言，未來的職場模式會有極大的轉變，因此一般求職者找一家大公司，只有一份單一收入，做一輩子的舊思維將會瓦解。

韓第把一年的工作日常分配成：賺取收入 150 天、學習研究 100 天、家庭工作與休閒 90 天、義工 25 天。

甚至，**他相信企業為了留住關鍵人才，這樣「組合式生活」的觀念會逐漸打入企業內部，公司必須允許部分要員發展他們自己的工作組合，**未來企業不能再把斜槓視為兼差，去限制員工發展工作組合。

韓第樂觀地預言，在下一個世代，工作組合會達成個人與企業間的雙贏，因此「going portfolio」的觀念在下一個世代的職場環境中，會更加普及。

我確實也很鼓勵職場人士提早開始規畫自己的工作組合。因為近年的疫情改變了傳統的工作形態，很多公司減薪、裁員不斷，如果你只有本業的收入來源，專業也很單一，你真的非常危險。

我在公司就曾經看過一個主管被資遣後，整整半年找不到工作。但如果他照我的前面說的，提前培養第二專長，還有規畫工作組合，也許今天他不會失業那麼久。

那要如何打造屬於自己的組合式生活？若你任職於台商，我必須老實講，大型台商多不喜歡太愛拋頭露面的員工，也有嚴密的公關政策，不適合員工隨便對外發言、兼差。

但若是新創或小型公司，通常就比較不忌諱，因為公司用比較有名的員工反而能因此揚名。

若你在求職、或希望轉職中，我建議去一家鼓勵內部創業（Intrapreneurship）的公司，先做出一些績效再說。這樣無論你日後轉職還是出來接案，機會都很多。

我並不鼓勵任何人冒然辭職創業，或一畢業就做斜槓。當你腳步都還沒站穩時，還是應該在公司先有一番作為。

第二個建議，**是五年一定要換工作**。換產業、換領域、換職位，同公司或不同公司都可以。

最重要的，是去哪裡工作都要有創業精神。我也輔導過非常多斜槓型的工作者，但他們的個人品牌卻一直做不起來，最主要的原因，就是不懂得用老闆的格局去經營自己，沒有能持續獲利的商業模式。

我能很快做出績效，是因為工作性質特殊，我剛畢業時就必須單兵作戰，解決國外公司陳年問題。

我得靠自己研究很多國外知識，快速建立起知識體系，因此我能從中找出寫作的市場缺口，以國外薪資觀點成功出道，殺出一條血路。如果我沒有這些經歷，也沒什麼大家想看的獨家。

如果你任職於大公司，你更應該善用公司的資源去輪調、去外派，做跨部門的專案都好，不要侷限於單一領域的舒適圈。

想要有多元的收入組合，前提是你得先累積多元的職能背景，還必須持續深耕，才能成為一個出眾的組合式工作者。

說到這邊，你可能會很驚訝原來不論是求職還是經

營個人品牌，竟然都是有一套實際可行的方法論能夠遵循，成敗不過是事在人為而已。我都能做到，相信你當然也可以。

　提醒大家，想要在自己的領域獨占鰲頭，你必須要用對方法，借力使力，找到貴人，幫自己增加勝率，讓別人看見你。

　如果你看完這本書找到理想的工作，或是在個人品牌的路上找到一盞明燈，我非常希望你們能跟我分享你的喜悅和成長。

　但願這本書是你終身的職涯指南，讓你在轉換跑道時可以找到一些中肯的建議。也祝福你工作能越換越好！

重點整理

1. 培養自己的「職場三力」：寫作力、演講力以及人脈力，快速打開在業界的知名度。

2. 社會很現實，與其想著要高攀誰，不如自己夠強來得靠譜！當你變強了，合作機會自然也就自己送上來了。

3. 拓展弱連結。同時要知道，人脈雖然可貴，但要懂得拒絕無效社交。

4. 成功的關鍵在於「執行力」，若不去執行，當然你永遠只能看著別人的車尾燈。

5. 現在企業要的不再是專業分工的 I 型人，而是專業多工的 π 型人。

6. 斜槓起源自「組合式生活」，即達成個人自由與企業效率間的雙贏。我鼓勵你可以在職時，就開始規畫你的「工作組合」。

【結語】

感謝一路陪伴我的人

在寫這本書的同時，我想感謝的人好多。

第一個想感謝的是如何出版社，謝謝編輯意外看見我的文章，讓我有機會出書當上作家。

我剛開始寫作是為了助人，因為有太多朋友為職場問題所困，讓我看見自己的專業可以做得更多，自己也必須強大起來，才能幫助朋友解決他們的職涯問題。

一路走來，我也想謝謝她們對我的信任，願意跟我分享很多不為人知的小故事，而我自己也在寫作的過程療癒自己，獲得意想不到的成就感。

在我寫作的生涯中，謝謝高中好友 Rose 和 Yvonne 總是給我很多信心，甚至給我很多建議，讓我有源源不絕

的靈感。

　　我們是十年的好友，一起互相扶持，我接到出書邀請時，還不敢跟外人說，只跟她們兩個約定好，要一起去書店看暢銷排行榜。

　　這聽起來很瘋狂，寫書這段過程因為這個承諾，讓我總是能將熱情帶進文字，希望透過我親身的故事，能幫助你找到未來的出路。

　　如果你覺得我在書中教的求職技巧很受用，我真的要大力感謝 MGR 的總經理 Alex 還有人資主管 Jay。

　　我曾經跟他們兩位資深的人力資源工作者拜師學藝，統整成一套輕鬆好讀、又可以直接用的工具書。

　　我自己也很常看很多職場類的書，但都覺得缺乏一套有邏輯、範例的職涯指南，於是我打算出一本讓大家每次轉職都可以回頭參考的求職寶典，希望大家能推薦給身邊也在求職的朋友。

　　人力資源是我的專業，而成為作家是我一生的志業。

　　在出書前，我能幫助的人有限，時常看到朋友在職場中不懂得為自己爭取而受委屈。

　　聽著朋友無奇不有的職場小故事，讓我決定用著筆

名在風傳媒開始寫作，分享自身專業和職場經驗，也謝謝諸位貴人讓我機會源源不絕。

希望透過這本書，大家都能減少摸索的時間，找到自己熱愛的，也適合自己的工作。

國家圖書館出版品預行編目資料

看穿雇用潛規則，立刻找到好工作：管理30國薪資的
外商人資揭密，好福利、好前途、好老闆的工作這樣找／
職來直往 Miss 莫莉 著 . -- 初版 -- 臺北市：如何，2021.10
　　288 面；14.8×20.8 公分 --（Happy Learning；198）
　　ISBN 978-986-136-601-2（平裝）

　1. 就業　2. 職場成功法

542.77　　　　　　　　　　　　　　　　110014372

www.booklife.com.tw　　　　　　　　reader@mail.eurasian.com.tw

Happy Learning　198

看穿雇用潛規則，立刻找到好工作：管理30國薪資的外商人資揭密，好福利、好前途、好老闆的工作這樣找

作　　　者／職來直往Miss 莫莉
發 行 人／簡志忠
出 版 者／如何出版社有限公司
地　　　址／臺北市南京東路四段50號6樓之1
電　　　話／（02）2579-6600・2579-8800・2570-3939
傳　　　真／（02）2579-0338・2577-3220・2570-3636
總 編 輯／陳秋月
主　　　編／柳怡如
責任編輯／丁予涵
專案企畫／沈蕙婷
校　　　對／丁予涵・柳怡如
美術編輯／李家宜
行銷企畫／陳禹伶・黃惟儂
印務統籌／劉鳳剛・高榮祥
監　　　印／高榮祥
排　　　版／杜易蓉
經 銷 商／叩應股份有限公司
郵撥帳號／18707239
法律顧問／圓神出版事業機構法律顧問　蕭雄淋律師
印　　　刷／祥峰印刷廠
2021 年 10 月　初版
2021 年 11 月　2 刷

定價310元　　　　ISBN 978-986-136-601-2